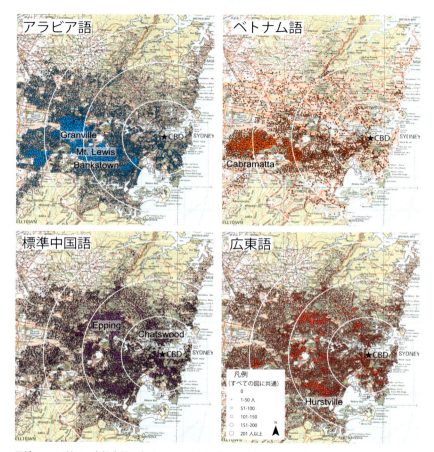

口絵1a：シドニー大都市圏におけるエスニックグループ別の居住分布（2011年）
（本文21ページ参照）　　　　　　　　　　　　（オーストラリア統計局のデータをもとに作成）

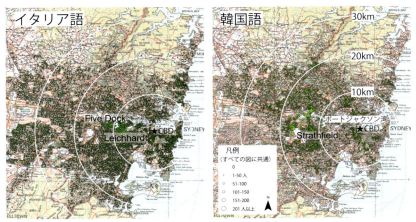

口絵1b：シドニー大都市圏におけるエスニックグループ別の居住分布（2011年）
（本文21ページ参照）　　　　　　　　　　　　　　（オーストラリア統計局のデータをもとに作成）

口絵2：シドニーのイタリアン・フォーラムの位置（2015年）
（本文105ページ参照）　　（http://www.street-directory.com.au/nsw のウェブサイトをもとに作成）

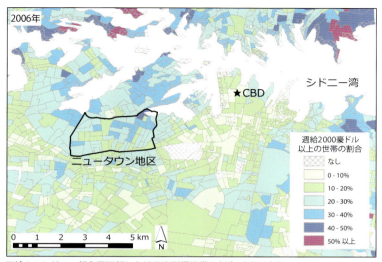

口絵3：シドニー都心周辺部における高所得世帯の割合（2006年）
（本文30ページ参照） （オーストラリア統計局のデータをもとに作成）

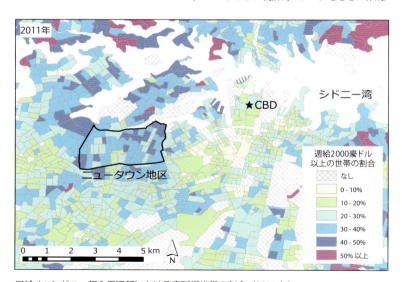

口絵4：シドニー都心周辺部における高所得世帯の割合（2011年）
（本文30ページ参照） （オーストラリア統計局のデータをもとに作成）

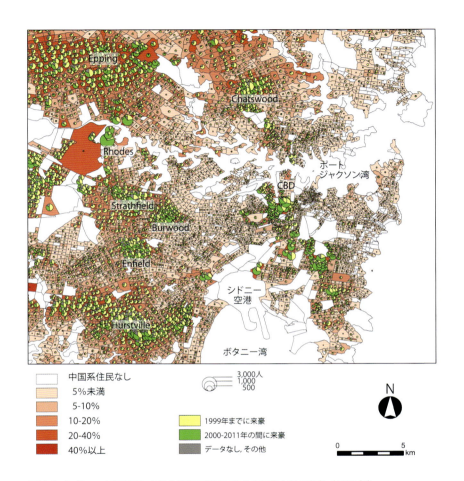

口絵5:シドニー大都市圏における居住年数別にみた中国系人口の分布(2011年)
(本文31ページ参照)　　　　　　　　　　　　(オーストラリア統計局のデータをもとに作成)

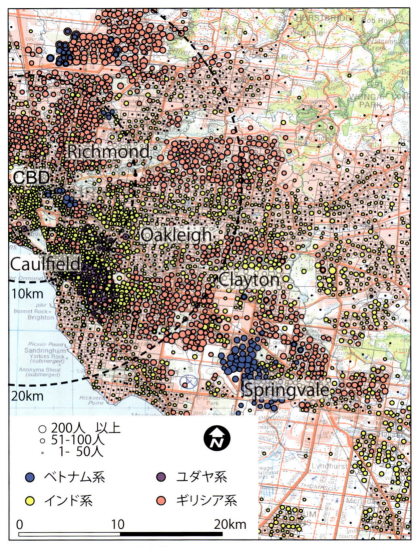

口絵6：メルボルン大都市圏（南東部）におけるエスニックコミュニティの分布（2006年）
（本文66ページ参照） （オーストラリア統計局のデータをもとに作成）

1991年

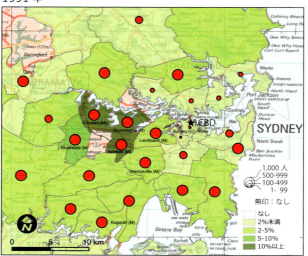

2011年

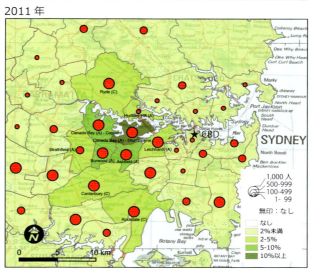

口絵7：シドニー大都市圏におけるイタリア系住民の分布（1991年，2011年）
（本文103ページ参照）　（オーストラリア統計局のデータをもとに作成）

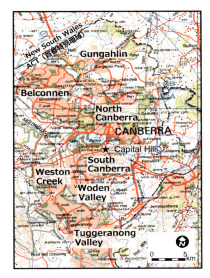

口絵 8：キャンベラの 7 つの住宅地区
（本文 128 ページ参照）
（Geoscience Australia, NATMAP
Digital Maps により作成）

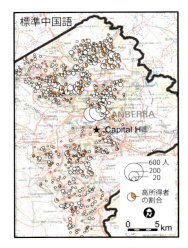

口絵 9：キャンベラにおける標準中国語を
話す人口の分布（2011 年）
（本文 131 ページ参照）
（Geoscience Australia, NATMAP Digital
Maps およびオーストラリア統計局の
データをもとに作成）

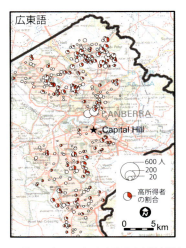

口絵 10：キャンベラにおける広東語を話す
人口の分布（2011 年）
（本文 131 ページ参照）
（Geoscience Australia, NATMAP Digital
Maps およびオーストラリア統計局の
データをもとに作成）

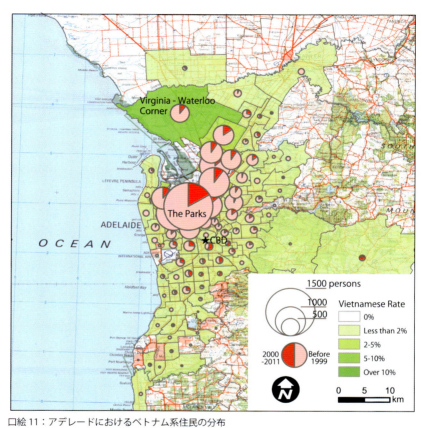

口絵11：アデレードにおけるベトナム系住民の分布
（本文143ページ参照） （オーストラリア統計局のデータをもとに作成）

変貌する現代オーストラリアの都市社会

Contemporary Transformations of
Urban Societies in Australia

堤　純 編著　Edited by Jun TSUTSUMI

筑波大学出版会

Contemporary Transformations of Urban Societies in Australia
Edited by Jun TSUTSUMI

University of Tsukuba Press, Tsukuba, Japan
Copyright © 2018 by Jun TSUTSUMI

ISBN978-4-904074-46-6　C3025

ま え が き

　オーストラリアのイメージを尋ねれば，おそらく 10 人中 9 人は，「羊の背中にのった国」というフレーズに代表されるようなモコモコの毛を身にまとった羊のイメージや牧歌的・農村的なイメージ，あるいはオージービーフをはじめとする農産物や，他にも鉄鉱石や石炭などの鉱産資源の輸出国というイメージを頭に描くだろう。また，オーストラリア人のイメージについて尋ねれば，陽気で気さくで人なつっこく，"G'day, mate!"（グダイ・マイト）と話しかけてくる，どこか田舎くさくて訛りの強いオーストラリア英語を話す，といったイメージが強いのかもしれない。こうしたステレオタイプなオーストラリアのイメージは，確かに現在のオーストラリアにも残っているので間違いではないが，シドニーやメルボルンなどの大都市からは車で 1 時間以上離れた人口密度の極端に低い農村部に限ったことである。

　こうしたイメージが強い一方で，オーストラリアで最大の人口を擁するシドニーには 482 万人，2 位のメルボルンに 449 万人をはじめ，3 位のブリスベン（227 万人），4 位のパース（194 万人），そして 5 位のアデレード（130 万人）に暮らしており，2016 年のオーストラリアの総人口（約 2,340 万人）の約 63％は大都市圏に居住している。大都市の都心部ともなれば，スーツに身を固めたビジネスマンが行き交い，英語ネイティヴの国としての強みを活かした多国籍企業の立地も進み，さらには歴史的な経緯からヨーロッパ諸国やアジア諸国からの移民が大都市圏内に多く暮らしている。少なくとも，大都市の都心部とその周辺をみる限りは，ニューヨークやシカゴ，トロント，ロンドン，パリなどの北米や西ヨーロッパの大都市との共通点の方が目にとまる印象である。

　さらに，人口 1 万人以上の中小都市まで含めてみると，オーストラリアの総人口の 89％に相当する 2,083 万人が「都市」部に居住している。日本の中学や高校などの教育現場で教えられることが少ないためにあまり知られていないことは否めないが，前述のように牧歌的・農村的なイメージの強い一方で，現代のオーストラリアはきわめて都市的な要素の強い国でもある。前述のステレオタイプなオーストラリア人には，都市では出会うことはまずない。

そこで本書は，日本ではあまり紹介されることのないオーストラリアの「都市的な側面」に着目して，現在進行中のさまざまな事象に焦点を当て，詳細なフィールドワークを通して，多文化社会の実態や諸問題を解明することとした。本書は，編者を研究代表者とするいくつかの科学研究費プロジェクトを基本に，10年強にわたるフィールドワークの研究成果である。編者を含めた7人の執筆者はみな地理学者であり，オーストラリアへの豊富な渡航歴・在外研究歴・滞在歴をもつ。これまでに発行されたオーストラリアに関する書籍は，文学研究を筆頭に，国際政治学やアボリジニに関わる民族・民俗学・文化人類学的な研究，あるいは移民社会のひずみや軋轢に焦点を当てた社会学的な研究がほとんどであり，特定のテーマや事例をピンポイントで紹介する本が大半である。一方で本書は，研究対象を構造的かつ包括的にとらえることに強みをもつ（といわれる）地理学者による執筆であり，地理学のみならず他の隣接諸科学に学術的な議論を喚起することも期待している。

こうした本の誕生の経緯からみれば，本書は学術書として「お堅い」内容ばかりかと思われがちであるが，本書ではオーストラリアに興味関心をもつ一般の読者も想定して，難解な専門用語の使用をできるだけ避け，わかりやすい記述に努めている。そして，なんといっても，豊富な地図による図解をはじめ，適所に図表を配置してわかりやすい解説を心がけている。さらに，高級食材のwagyu，ウルル（エアーズロック），都市郊外の森とカフェ，ワインとバーベキュー，多様性を活かした都市観光（LGBTツーリズム），アウトバック（内陸乾燥地帯）の中国人を取り上げたコラムを章の間に設け，できるだけオーストラリアの「今」の「リアル」な姿を紹介している。

完璧な内容とはいえないものの，現時点のベストといえるような中身になったのではないかと思っている。本書が，現代オーストラリアのさらなる理解への一助となるならば，望外の幸せである。

初秋を迎えたメルボルンのカフェでくつろぎながら

2018年3月2日　堤　純

目　　次

まえがき ……………………………………………………………………………… i

第Ⅰ部　オーストラリア大都市圏の構造変容

Ⅰ　序　　論 ——————————————————————————— 2

　　1.　現代オーストラリアの課題 …………………………………… 2
　　2.　オーストラリアの都市構造 …………………………………… 5
　　3.　使用データの特徴：オーストラリア国勢調査の ………………… 8
　　　　カスタマイズデータ
　　4.　本書の構成 ………………………………………………………… 11

　　Column ①グローバル化の進展と変容するオーストラリアの「食」…… 14
　　　　　　大都市で愛される高級食材の wagyu

Ⅱ　シドニー大都市圏の構造変容 ————————————— 17

　　1.　シドニー大都市圏の拡大 ……………………………………… 17
　　2.　シドニー大都市圏における …………………………………… 18
　　　　エスニックグループ別の居住分布
　　3.　シドニー大都市圏の拡大と多民族化の進展 ………………… 23
　　　　―アジアへの玄関口と世界都市としての発展―
　　4.　シドニー大都市圏における …………………………………… 26
　　　　エスニックグループと所得との関連
　　5.　ジェントリフィケーションの進行 …………………………… 28
　　6.　シドニー大都市圏における社会・経済的 …………………… 31
　　　　特徴別の住み分けの状況―中国系住民に着目して―
　　7.　まとめ ……………………………………………………………… 32

Ⅲ　シドニー大都市圏におけるアジア系移民の ——————— 34
　　移住・集住・エスニック都市空間
　　　　―ウェスタン・シドニー地域のフィリピン系移民を事例に―

　　1.　はじめに ………………………………………………………… 34
　　2.　オーストラリアにおける ……………………………………… 36
　　　　フィリピン系移民の移住形態

（1）到着年次からみた特徴 ……………………………………… 36

（2）州別・大都市圏別にみた特徴 ……………………………… 39

3. シドニー大都市圏のフィリピン系移民の集住 …………… 41

4. ブラックタウン市における …………………………………… 45
   エスニック都市空間の形成

（1）小地区でみたフィリピン系移民の集住傾向 …………… 45

（2）「見えない景観」としてのエスニック都市空間 ………… 48

5. おわりに ……………………………………………………… 51

Column ②アウトバックツーリズムと都市住民 ……………… 54

IV　メルボルン大都市圏の構造変容 ——————— 57

1. メルボルン大都市圏の拡大 ………………………………… 57

2. メルボルン大都市圏の拡大と多民族化の進展 ………… 59
   ―郊外開発とモータリゼーション―

3. 地域構造の変化と多文化社会 …………………………… 64

4. メルボルンのエスニック・タウン ……………………… 65

5. まとめ ………………………………………………………… 69

Column ③ダンデノン丘陵の森と親しむメルボルン市民 ……… 70

V　メルボルンにおけるグローバリゼーションと ——— 72
   コンドミニアム・ブーム

1. 留学生の急増とグローバリゼーション …………………… 72

2. 留学生の急増 ……………………………………………… 75

3. メルボルンにおける高層建築物の増加と再開発 ……… 80

（1）オフィス空間の増加と住空間の拡大 ………………… 80

（2）サウスバンクとドックランズにおける再開発 ………… 84

（3）CBD 居住者の年齢構成の変化 ……………………… 87

4. 留学生の急増と住宅需要および雇用に関する考察 …… 88

（1）住宅需要の変質 ………………………………………… 88

（2）雇用への影響 …………………………………………… 89

5. まとめ ………………………………………………………… 91

Column ④ワインとバーベキューを楽しむオーストラリア市民 …… 94

第Ⅱ部　変貌する都市社会地理

VI　シドニーのエスニック・タウン ——————— 98
─ライカートにおけるイタリア系コミュニティの拠点再構築の試み─

1. 研究課題と調査方法 ································· 98
2. オーストラリアのイタリア系移民 ··················· 100
3. シドニーのイタリア系人口の ····················· 102
   居住分布とライカート
   - (1) シドニーのイタリア系住民の集住地 ··········· 102
     ─家庭でイタリア語を話す人口の分布から─
   - (2) ライカートにおけるイタリア系住民の ········· 104
     ビジネス展開とコミュニティ活動
4. イタリア系住民にとっての ······················· 106
   イタリアン・フォーラム
   - (1) イタリアン・フォーラムの建設と現況 ········· 106
   - (2) イタリアン・フォーラム文化センターの ······· 108
     所有権争い
5. アイデンティティの拠り所を求めて ················ 110

Column ⑤多様性を活かした都市観光の推進 ·············· 113
　　　　　　─シドニーの事例─

VII　キャンベラのエスニック・タウン ——————— 116
─キャンベラにおける華人社会の空間構造─

1. オーストラリアにおける中国系移民 ················ 116
   - (1) オーストラリアへの中国人移民過程 ··········· 116
   - (2) 白豪主義政策：1901〜70年頃 ················ 117
   - (3) 多文化主義政策：1970年代以降 ·············· 118
2. キャンベラにおける華人社会 ····················· 119
   - (1) キャンベラにおけるエスニック構造 ··········· 120
   - (2) キャンベラにおける華人社会の形成 ··········· 122
     1) 華人団体の創立，2) 華人団体の機能
   - (3) キャンベラ華人コミュニティの特徴 ··········· 125
3. キャンベラの都市構造と華人社会空間構造 ·········· 127
   - (1) キャンベラの都市的特性と都市構造 ··········· 127

（2）華人社会とキャンベラの都市構造 ……………………… 130

　4.　おわりに ……………………………………………………… 132

Column ⑥アウトバックの中国人 ……………………………… 134

VIII　アデレードのエスニック・タウン ―――――― 137
　　―アデレードにおけるベトナム系住民の分布とその特徴―

　1.　はじめに ……………………………………………………… 137

　2.　オーストラリアにおけるベトナム系住民の特徴 ………… 140

　　（1）東南アジア系住民との違い ……………………………… 140

　　（2）ベトナム系住民の分類 …………………………………… 140

　3.　アデレードにおけるベトナム系住民の ………………… 141
　　特徴と居住分布

　　（1）人口動態 …………………………………………………… 141

　　（2）居住地の分布 ……………………………………………… 142

　　（3）居住地選択の背景 ………………………………………… 144

　　　1）北・西部，2）ヴァージニア，3）南部

　4.　アデレードにおけるベトナム系住民の実態 ……………… 147

　　（1）1975 ～ 77 年の難民 ……………………………………… 147

　　　1）事例 A：著名な医師，2）事例 B：南オーストラリ
　　　ア州知事，3）事例 C

　　（2）1978 年以降の難民 ……………………………………… 148

　　　1）事例 D，2）事例 E，3）事例 F，4）事例 G，5）事
　　　例 H，6）事例 I，7）事例 J，8）事例 K，9）事例 L

　　（3）1980 年代後半以降の家族呼び寄せによる移民 ……… 151

　　　1）事例 M，2）事例 N

　　（4）新規移民・留学生（事例 O） ………………………… 152

　5.　アデレードにおけるベトナム系住民の空間 ……………… 152

IX　結　論 ――――――――――――――――――――― 156

文献 ……………………………………………………………… 161

あとがき ………………………………………………………… 169

索引 ……………………………………………………………… 173

著者紹介 ………………………………………………………… 177

図 目 次

図 1-1　オーストラリアにおける増加人口の内訳（1945〜2005 年） ································2

図 1-2　オーストラリアにおける主な都市の分布 ···7

図 1-3　オーストラリア統計局によるテーブルビルダー ···9

図 1-4　オーストラリア統計局によるテーブルビルダー（詳細画面） ··············· 10

図 2-1　シドニー大都市圏の発達過程 ··· 18

図 2-2　シドニー大都市圏におけるエスニックグループ別 ······························· 21
　　　　の居住分布（2011 年）

図 2-3　シドニー大都市圏における仏教信仰者の分布（2011 年） ···················· 24

図 2-4　シドニー大都市圏におけるヒンドゥ教信仰者の分布（2011 年） ········· 26

図 2-5　シドニー都心周辺部における高所得世帯の割合（2006 年） ················· 30

図 2-6　シドニー都心周辺部における高所得世帯の割合（2011 年） ················· 30

図 2-7　シドニー大都市圏における居住年数別にみた ······································· 31
　　　　中国系人口の分布（2011 年）

図 3-1　「海外生まれ」人口の出生地別・到着年次別推移 ································· 36

図 3-2　「フィリピン生まれ」人口の到着年次別男女差 ··································· 38

図 3-3　シドニー大都市圏における「フィリピン生まれ」 ······························· 42
　　　　人口の分布とその変化

図 3-4　フィリピノ語・タガログ語使用状況（2011 年） ································· 45

図 3-5　ブラックタウン市における「フィリピン生まれ」 ······························· 46
　　　　人口の分布とその変化

図 4-1　メルボルン大都市圏の発達過程 ·· 58

図 4-2　メルボルン大都市圏（南東部）における公共交通のみ利用の ·············· 62
　　　　都心通勤者の分布（2006 年）

図 4-3　メルボルン大都市圏（南東部）における自家用車利用による ·············· 63
　　　　都心通勤者の分布（2006 年）

図 4-4　メルボルン大都市圏（南東部）における ·· 66
　　　　エスニックコミュニティの分布（2006 年）

図 4-5　メルボルン大都市圏（南東部）における ·· 67
　　　　高所得者の分布（2006 年）

図 4-6　メルボルン大都市圏における ……………………………… 68
　　　　ベトナム人コミュニティの分布 (2006 年)
図 5-1　研究対象地域 ………………………………………………… 74
図 5-2　外国人留学生 (大学生) の出身地と留学先 (2003 年) ……… 75
図 5-3　メルボルン市における大学生の分布 (1991 年) …………… 76
図 5-4　メルボルン市における大学生の分布 (1996 年) …………… 77
図 5-5　メルボルン市における大学生の分布 (2001 年) …………… 78
図 5-6　メルボルンの CBD 周辺部における …………………………… 82
　　　　建物の建築年および階数 (2015 年)
図 5-7　メルボルン CBD およびサウスバンクにおける ……………… 83
　　　　主要な建物利用の構成比 (1992～2002 年)
図 5-8　メルボルン市における主要 4 地区別の住宅供給戸数 (1991～2007 年) ……… 84
図 5-9　メルボルン・サウスバンク居住者の年齢構成 (1991～2001 年) ……………… 86
図 5-10　メルボルン CBD 居住者の年齢構成 (1991～2001 年) …… 87
図 5-11　メルボルン CBD における従業者数の変化 (1992, 2002 年) ……………… 90
図 6-1　オーストラリアにおけるイタリア生まれ人口 (1901～2011 年) ………… 101
図 6-2　シドニー大都市圏におけるイタリア系住民の分布 (1991 年, 2011 年) …… 103
図 6-3　シドニーのイタリアン・フォーラムの位置 (2015 年) ……………… 105
図 7-1　オーストラリアにおける移民の推移 ……………………… 119
図 7-2　キャンベラにおける移民の推移 …………………………… 121
図 7-3　キャンベラにおける高齢者ケア情報と紹介サービスブックレット …… 125
図 7-4　キャンベラの地図 (1933 年) ……………………………… 127
図 7-5　キャンベラの 7 つの住宅地区 ……………………………… 128
図 7-6　キャンベラにおける標準中国語を話す人口の分布 (2011 年) ……… 131
図 7-7　キャンベラにおける広東語を話す人口の分布 (2011 年) …… 131
図 8-1　ベトナム系の人口動態と移民数の推移 …………………… 138
図 8-2　州別ベトナム生まれ人口の推移 …………………………… 139
図 8-3　アデレードにおけるベトナム系住民の推移 ……………… 142
図 8-4　アデレードにおけるベトナム系住民の分布 ……………… 143

表 目 次

表 1-1　オーストラリアの都市別人口（2016 年）……………………6

表 2-1　シドニー大都市圏における家庭での使用言語……………20
　　　　（2001，2006，2011 年）

表 2-2　シドニー大都市圏における使用言語別・……………………27
　　　　学歴別にみた所得状況（2011 年）

表 3-1　フィリピン人の渡航先（上位 4 か国）（1981〜2015 年）……35

表 3-2　オーストラリアにおけるフィリピン系移民の………………40
　　　　人口学的特徴（2011 年）

表 5-1　オーストラリアの大学定員に占める留学生数………………73
　　　　（上位 10 位）（2003 年）

表 5-2　メルボルン市における地区別人口総数と……………………76
　　　　大学生人口の割合（1991〜2001 年）

表 5-3　メルボルン市における海外生まれの…………………………79
　　　　大学生の構成比（1991〜2001 年）

表 5-4　メルボルン CBD における高層建築物の建築年代…………81
　　　　（2003 年）

表 5-5　メルボルン CBD における高層住宅の居住形態……………88
　　　　（2000 年）

表 6-1　都市圏別イタリア生まれ・家庭で話す言語を……………101
　　　　イタリア語とする人口（2011 年）

表 6-2　イタリアン・フォーラムにおけるビジネスの変化………108
　　　　（2009，2015 年）

表 7-1　キャンベラにおける出身地別人口割合（2011 年）………120

表 7-2　キャンベラにおける華人出身地別人口の推移……………121

表 7-3　キャンベラの主要産業別人口構造（2011 年）……………129

写真目次

写真 2-1　シドニー郊外のベトナムタウン：カブラマッタ ……… 25

写真 3-1　オーバーン市役所の掲げる看板 ………………………… 43

写真 3-2　ブラックタウン駅前に可視化する …………………… 47
　　　　　エスニックな景観

写真 3-3　ブラックタウン市郊外住宅地における ……………… 50
　　　　　「見えない」エスニック景観

写真 4-1　メルボルン都心部における高層ビル ………………… 59

写真 4-2　メルボルン都心周辺部における再開発地区 ………… 60
　　　　　（サウスバンク）

写真 4-3　メルボルン郊外の専用軌道を走るトラム …………… 61

写真 5-1　メルボルン CBD における高層住宅 ………………… 80

写真 6-1　シドニーのイタリアン・フォーラム ………………… 107

写真 6-2　イタリアン・フォーラムのスペイン広場 …………… 107
　　　　　を模した階段

写真 6-3　イタリアン・フォーラム文化センター ……………… 107

写真 6-4　イタリアン・フォーラムを散策する ………………… 107
　　　　　台湾からの観光客

写真 8-1　アデレード北・西部のベトナム系施設 ……………… 145

写真 8-2　ヴァージニアの農業地帯 ……………………………… 146

写真 8-3　ヴァージニアの農業ハウスの内部 …………………… 150

第Ⅰ部

オーストラリア大都市圏の構造変容

Ⅰ　序　論

Ⅱ　シドニー大都市圏の構造変容

Ⅲ　シドニー大都市圏における
アジア系移民の移住・集住・
エスニック都市空間
　―ウェスタン・シドニー地域の
　　フィリピン系移民を事例に―

Ⅳ　メルボルン大都市圏の構造変容

Ⅴ　メルボルンにおける
グローバリゼーションと
コンドミニアム・ブーム

I 序論

1 現代オーストラリアの課題

　オーストラリア全土の人口は 2016 年の最新の国勢調査によれば約 2,340 万人である。しかし，オーストラリアがまだ白豪主義を堅持していた 1969 年には 1,226 万人，グローバリゼーションによる都市再開発ラッシュが訪れる前の 1989 年には 1,681 万人にすぎなかった。1969 年からの 40 年余りで約 1.8 倍に，また，1989 年からのわずか 20 年余りで 500 万人も増えた人口の多くは上位の 5 大都市圏に居住している。こうしたオーストラリア全体の人口の急速な増加に大きく寄与してきたのは移民である（**図 1-1**）。オーストラリア人の大多数は，

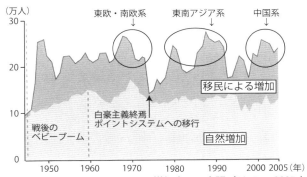

図 1-1　オーストラリアにおける増加人口の内訳（1945 〜 2005 年）
（オーストラリア統計局のデータをもとに作成）

過去約200年間に200ほどの国と地域からやってきた移民（Migrant）か，その子孫である。人口の約半分は移民1世の増加による直接的な人口増加であり，残りの半分を占める自然増加においても，オーストラリアで生まれた移民2世や3世の増加といった間接的な影響も大きい。1950年代頃までは，オーストラリアへの移民の出身地の大多数はイギリスとアイルランドからであったが，それらは1960年代頃から急減した。それに代わって，1950～1960年代にかけて東欧系（特に，旧ユーゴスラビア系），イタリアやギリシアなどの南欧系移民が急増した。1970年代に白豪主義が撤廃されると，インドシナ難民を含む東南アジア系移民が急増した。1990年代後半にかけては移民の出身国はさらに多様化し，インドやスリランカなどの南アジア，中東諸国，中国・韓国などの東アジアからの移民も増加した。2007年以降には中東諸国やアフリカ諸国からの移民も増加している。人口の自然増加率は停滞傾向が確認できるが，近年では移民による人口増加率が再び拡大しており，年によっては20万人以上というペースで移民が増加し続けているのが現代オーストラリアの特徴である。

　オーストラリアの多文化性については，これまで国際政治学や国際関係論，オセアニア史などの分野で一定の研究蓄積がみられる。これらの研究は，1901年に現在のオーストラリア連邦が誕生して以来堅持された白豪主義が終焉した1970年代前後の社会変容を取り扱ったものが多い。こうした急激な変化の主たる要因は，オーストラリアで1972年にみられた政権交代であり，これによって移民政策として導入されたポイントシステムにある。しかし，前述のように，長らく主な供給源であったイギリス・アイルランドからの移民は，この政権交代に先立つ1960年代に急減しており，代わって東欧や南欧諸国からの移民の顕著な増加がみられた。こうしたヨーロッパ系移民の出身地の多様化は，アングロ・ケルトおよび英語を共通語とするオーストラリアの文化的基盤を大きく揺るがし，結果的にはオーストラリアは多文化社会へと舵を切らざるをえなくなった（竹田，2000）。

　ギリシアやイタリア，旧ユーゴスラビア諸国などからの移民が急増した結果，オーストラリアが1960年代に経験した「英語の通じない白人」の増加は，多言語教育や多文化理解教育の導入につながり，後に続く1970年代のアジア系

移民の急増の際にもこの経験が活用できたと肯定的にとらえる意見が存在する。このようなエスニックあるいは文化的多様性がオーストラリア社会で顕在化する一方，1990年代半ば以降のグローバリゼーション期においては，オーストラリアでは規制緩和および市場主導路線の経済社会改革を行うネオ・リベラリズムの潮流にものみ込まれてきた。この過程で，それまでの社会民主主義あるいは福祉国家重視の考え方に代わって，自由主義を重視し，小さな政府や個人主義といった経済合理主義的な思考様式がオーストラリア国民の間に広まっていった（塩原，2005）。これらの動きは，やがてエスニック・マイノリティの排斥や社会的弱者への福祉切捨て政策，難民・亡命希望者への排他主義らに代表される社会問題の共通の根となっていった（Hage, 1998）。このように，オーストラリア社会は多文化主義の推進と抑制という，相反する2つの理念に挟まれながら，まるでアクセルとブレーキを同時に踏むかのように進展してきた。

オーストラリアでは移民の出身国がヨーロッパのみならずアジアを含めて多様化したことは，急速な人口増加に大きく寄与することとなった。その一方で，オーストラリアという国が地球上の地理的位置に相応して，名実ともにアジア・太平洋地域の国家となったプロセスととらえることもできるだろう。急速な「アジア化」による多文化化の進展は，寛容な雰囲気を醸し出す効果があると考えられる一方で，オーストラリア社会にさまざまな社会問題を発生させているという指摘もある。例えば，2005年にシドニー郊外のクロヌラビーチで起きたアジア系移民に関わる暴動や（吉田，2007），2009年にメルボルンで頻発したインド系留学生への暴行事件のように，これまで比較的治安のよいとされてきたオーストラリア社会は，アジア系移民の急増に直面して，今まさに岐路に立たされている。

かつて，移民といえば「英語が苦手」「低所得」「肉体労働」といったステレオタイプなイメージが付きものだったが，今日では従来の移民像とは異なり，若くて英語のスキルが一定レベル以上，かつ，専門的な資格をもつ新たなタイプの移民「新規移民」がオーストラリアの大都市圏で急増している。新規移民の中には，IT技術者や高度な専門職等に就く者も決して珍しくはなく，高所得を得ている彼らは，もはや従来のエスニックコミュニティの集住地区にはこだわらず，広く郊外の住宅地区に住んでいても珍しくない。移民イコール個別

のコミュニティだけを調べれば事足りる時代は終了している。都市圏全体の構造を把握したうえで個別の事例地区でみられる事象を考察することが不可欠である。そこで本書では，多文化化の進む現代オーストラリアの都市社会に着目し，各エスニックグループの特徴を（大）都市圏の構造からとらえることで，現代オーストラリアの都市社会の特徴を明らかにすることを目的とする。

　このように，広く（大）都市圏内を対象として，客観的にエスニックグループ別の住み分けの様子を把握する観点は地理学では一般的な切り口であるが，隣接諸科学では一般的にみられるとはいえない。本書では，個別の都市のさまざまな社会・経済指標を時系列的に丹念に分析することはもちろん（都市を「点」としてとらえる視点），さまざまな変化が起こっている地区の詳細を地理情報システム（以下，GIS）を駆使して解析し，都市（圏）全体の構造の文脈からも考察を加えている（都市を「面」としてとらえる視点）。本書が提示するような，GISを用いて都市社会問題といった社会・経済分析を行うといったアカデミックな切り口は，管見の限り，ほとんど目にしない状況である。本書で採用しているGISを用いた社会・経済属性別にみた詳細な地図を解析に用いる手法が，最終的には地理学のみならず，移民研究，社会学，経済学，教育学等，他の分野の研究者との今後の共同研究への拡張の可能性を提示することも，本書のもう1つの目的である。

2 オーストラリアの都市構造

　オーストラリア最大の都市は人口482万人を数えるシドニーである。シドニーに次ぐオーストラリア第2の人口（449万人）のメルボルン，さらにはブリスベン，パース，アデレードの各都市の成長も著しい。観光地として名高いゴールドコーストは，5大都市に次ぐ人口6位の都市であり，首都キャンベラは人口約43万人で国内8位である。タスマニア州の州都であるホバートの人口は20万人で13位，日本人観光客も多く訪れるケアンズは人口14万人で15位，北部準州の中心都市ダーウィンの人口は12万人で17位である（**表1-1**）。

　オーストラリアの主な都市は，北部準州の内陸都市であるアリススプリングスを除けばすべて海岸部に面している（**図1-2**）。特に，ブリスベンの北側の

表 1-1　オーストラリアの都市別人口（2016 年）

順位	都市（圏）名	人口（人）
1	シドニー GCCSA	4,823,993
2	メルボルン GCCSA	4,485,210
3	ブリスベン GCCSA	2,270,807
4	パース GCCSA	1,943,861
5	アデレード GCCSA	1,295,712
6	ゴールドコースト	624,263
7	ニューカッスル	463,052
8	キャンベラ	432,371
9	セントラルコースト	319,681
10	サンシャインコースト	307,545
	その他	6,435,396
	合計	23,401,891

（出典：オーストラリア統計局）
GCCSA（Greater Capital City Statistical Area）とは，オーストラリア統計局が定義する大都市圏の範囲．

　サンシャインコーストからメルボルンにかけての一帯には人口規模上位 10 都市のうちパースとアデレードを除く 8 都市が集中している。大陸東部は温暖湿潤気候に恵まれており，温かい気候を求めてイギリスやアイルランド，さらにはニュージーランドから高齢者がロングステイに訪れている。また，オーストラリア国内においても，退職後に大陸東部の温暖な気候の土地に移住する者も多い。

　シドニー，メルボルン，ブリスベン，パース，アデレードはそれぞれ州都であり，1901 年のオーストラリア連邦成立以降，人口を増加させてきた。かつては周辺農村から集められた農畜産物の集散地として，近年では都市的産業の集積地として各州内の最大の中心地として機能している。これら 5 大都市に加え，首都のキャンベラも含めた 6 都市は高等教育機関や就業機会にも恵まれることから，これらの 6 都市の（大）都市圏には外国から多くの留学生や移民が

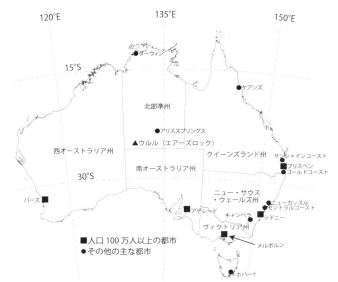

図 1-2　オーストラリアにおける主な都市の分布

集まってきている。

　本書ではエスニックコミュニティに着目することが重要な切り口であるが，それと同時に，個別のエスニックコミュニティの事例研究を（大）都市圏全体という客観的な視点をもって考察することを試みている。本書において（大）都市圏を分析の空間スケールとする理由は，オーストラリアの生活上のまとまりがあるからである。移民として初めてオーストラリアの大都市にやってきた者は，初めはエスニックコミュニティを頼りに生活拠点を立ち上げるケースが多いといわれるが，こうした移民を受け入れることができる規模のエスニックコミュニティが存在するのはこれら6都市にほぼ限られる。働く場所（英語の能力が低い場合は，多くのケースで工場労働者として勤務）が比較的豊富にあることや，家賃の安いルームシェアから郊外の戸建て住宅，都心部の高層コンドミニアムなど，さまざまなニーズに合致した住宅ストックがあるのも6都市の特徴である。各都市は都心部の中心市のみの狭い範囲のみで成立しているのではなく，周辺市町村の産業地区や商業地区，さまざまなタイプの住宅地区などを含め，総体として半径数十 km に及ぶ（大）都市圏を形成している。

3 使用データの特徴：オーストラリア国勢調査のカスタマイズデータ

　本書を通して，オーストラリア統計局（Australian Bureau of Statistics，以下 ABS）の提供する国勢調査データのカスタマイズテーブルと GIS を組み合わせて，大都市圏内部のエスニックグループ別の住み分けの様子や，社会・経済属性との関連の考察を試みている。オーストラリアは GIS の利活用においては先進国であり，GIS によって作図した地図自体は，学術利用にとどまらずに生活のさまざまな場面において，日本よりもむしろはるかに多く使われているとの印象もある。オーストラリアの統計整備の先進性がなければ，本書は誕生しなかったといっても過言ではない。

　本書で採用した研究方法は，以下の通りである。詳細な国勢調査のデータ（次節で詳述）と GIS を組み合わせた定量分析を基本とし，こうした分析に基づいて，研究課題に沿った適切な事例地区を選定した。そのうえで，各エスニックグループを対象とした聞き取り調査に基づく定性的な分析を組み合わせた。調査の過程で用いた言語は，英語はもちろん，必要に応じて中国語やベトナム語でも実施した。本書では，GIS による解析結果と聞き取り調査で得た資料等を照合することにより，詳細かつ客観的な分析および考察を行った。

　ABS は，2009 年 8 月に，2006 年実施の国勢調査データの公開を目的とするテーブルビルダー[2]という製品を発売した（**図 1-3**）。これは発売価格が 1,655 豪ドル（≒148,950 円，1 豪ドル＝90 円で換算）である。先行製品である CDATA[3]に比べると価格がかなり低く抑えられているほか，テーブルビルダーは「表を作成する」という製品名の通り，購入者が任意の統計地区ごとに任意の属性を自由に組み合わせることができる。

　テーブルビルダーでは，すべてのデータ利用がオンライン化されている[4]。当該サイトは，オーストラリア国内に限らず，インターネットに接続された端末を通して世界中からアクセスが可能である。データは DVD などのメディア等を介して配られるのではなく，上記の価格は専用サイトへのいわば「登録料」である。料金の支払いが完了すると，ID とパスワードがメールで届くので，

I 序論 9

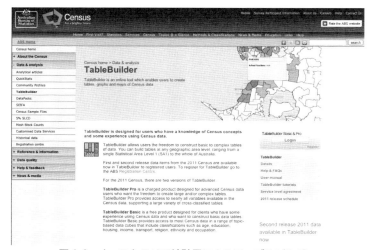

図1-3 オーストラリア統計局によるテーブルビルダー
(オーストラリア統計局のデータをもとに作成)

この情報を用いてサイトにアクセスする。

　データの集計範囲は「常住地」「就業地」「センサス実施日の滞在場所」の3つの中から選ぶことができ，さらにデータ集計範囲の単位も選ぶことができる。小統計区(約50世帯の集計値)であるCD (Collection District：2006年まで)，やSA1[5] (2011年)から，中統計区であるSLA[6] (Statistical Local Area)，市町村，州レベルまで，任意の地区を対象としたデータを取得できる(図1-4)。

　テーブルビルダーの最大の特徴は，データのカスタマイズ機能である。国勢調査のデータに基づいた各種の報告書等は，オンライン・オフラインを問わず枚挙に暇がないが，それらの大部分は単一属性のみを表示したデータである。例えば，「高所得者の分布」「英語に流暢でない住民の割合」「通勤に公共交通機関を利用する住民の割合」等，ABSの社会地図[7]で紹介されているような情報が代表例であるが，研究レベルで利用する場合は，「高所得者」という単一の属性のみならず，「高所得者」であり，かつ「家庭で中国語を話す人」「企業の管理職以上に就く人」というように2つ，3つの属性をクロスさせたデータが必要になる。

　テーブルビルダーのサービスが登場する以前から，ABSは研究者向けに，

図 1-4　オーストラリア統計局によるテーブルビルダー（詳細画面）
(オーストラリア統計局のデータをもとに作成)

研究目的の複雑なデータをオーダーメイドで作成するサービス（カスタマイズデータの提供）に応じてきた。大都市圏内の通勤流動の分析から大都市圏構造の特徴を論じた研究（Fujii et al., 2006）や，近年急速に増加する留学生の急増と都心のコンドミニアムの賃貸需要との関連から都市再開発の特徴を論じた研究（堤・オコナー，2008）などは，ABSに作成を依頼したカスタマイズデータに基づいている。ただし，これらのデータのリクエストは，1回の作業につき700〜1,000豪ドル程度の費用負担が生じていた。テーブルビルダーは，最初の登録料を払えば，あとは新たなデータの作成自体の費用は発生しない。[8]すなわち，テーブルビルダーのシステムを用いれば，大都市圏全域の任意の空間単位を対象に，民族的な出自，宗教，所得，学歴，家庭で使用する言語や所得，通勤に使用する交通手段等に関する詳細なデータが取得可能である。「通勤に自家用車を利用」かつ「週給2,000豪ドル以上の高所得者」，あるいは，「使用言語」（例：家庭で中国語を話す）と「居住年数」（例：2000年以降の来豪者）というような，2種類，3種類といった複数の属性をクロスさせたデータが，特定の大都市圏や都市，中統計区，小統計区といった任意の地区に対してオンライン上で入手可能である。

4 本書の構成

　本書は2部構成である。第Ⅰ部は，大都市圏全体の構造変容の枠組の中で，現代オーストラリアの大都市圏の変容を扱っている。Ⅰ章で研究課題や研究目的・方法，使用データを概説した後，Ⅱ章はシドニー大都市圏を対象に，モータリゼーションに伴う大都市圏の外延的拡大やエスニックグループ別の住み分けといった社会・経済的な構造変容，Ⅲ章はこうした構造変容に関連して，シドニー大都市圏の郊外に形成された比較的安価な住宅地区へのフィリピン系移民の急増の状況を分析している。Ⅳ章はメルボルン大都市圏を対象に，モータリゼーションに伴う大都市圏の外延的拡大やエスニックグループ別の住み分けといった社会・経済的な構造変容，Ⅴ章はこうした構造変容に関連して，メルボルンの都心部における高層コンドミニアムの急増と，都心近くに存在する著名な大学へのアジア各国からの留学生の急増との間にみられる関係について考察している。このように，第Ⅰ部で扱う事例はすべて大都市圏スケールで展開する事象である。

　続く第Ⅱ部は，変貌する都市社会に焦点を当て，よりミクロなスケールでの分析を進める。Ⅵ章ではイタリア系住民が多くみられるシドニー郊外のライカート地区を事例としたイタリア移民によるコミュニティ再興の事例，Ⅶ章は標準中国語系と広東語系ともに増加の著しい中国系住民の状況について，キャンベラを事例に考察している。キャンベラを事例として選定した理由は，人口100万人以上の大都市とキャンベラの6都市を対象とした場合，過去10年で最も急速に中国系の移民（オーストラリア国立大学への留学生を含む）が増えた都市の1つであり，中国系の移民によるコミュニティの変容を考察するには，キャンベラは好適な都市だからである。さらに，アデレード郊外を対象として，ベトナム系の移民の増加の要因を掘り下げるⅧ章が続く。第Ⅱ部で取り上げるイタリア系，中国系，ベトナム系の各移民は，個別の大都市圏だけでなく，オーストラリア全体でみても，移民数の多いエスニックグループである。本書の事例から得られる知見は，オーストラリアの他の大都市圏にも共通するする点が多いうえ，外国の都市とも共通点が見出せるだろう。第Ⅱ部

12

はミクロなスケールでの分析を主眼としつつも，第Ⅰ部で展開した大都市圏全体の構造変容の視点からの分析も随所に散りばめられている。そして，最後のⅨ章は結論である。

　また本書には，学術的内容からは少し離れるが，章と章の間にコラムを設けている。大都市で愛される高級食材の wagyu，アウトバックツーリズムと都市住民，ダンデノン丘陵の森と親しむメルボルン市民，ワインとバーベキューを楽しむオーストラリア市民，多様性を活かした都市観光の推進―シドニーのLGBT ツーリズムの事例―，そしてアウトバックの中国人である。このような，現代のオーストラリアをよく表すトピックスを通して，オーストラリアの「今」を親しみやすく紹介することにも努めた。　　　　　　　　　　　（堤　　純）

注

1　2014 年 3 月にオーストラリア統計局（Australian Bureau of Statistics，以下 ABS）から発表された報告書によれば，2011 年の国勢調査結果では全国民のおよそ 4 分の 1 に相当する 530 万人が外国生まれの「移民」である。この報告書によれば，「移民」の定義はオーストラリア以外で生まれた人をすべて含んでいる。したがって，この定義に基づく「移民」は，永住者はもちろん，長期滞在者，留学生などを含んでいる。ただし，国勢調査当日にオーストラリア国内に滞在していて，1 年未満で帰国すると回答した者は「移民」には含まれていない。
http://www.abs.gov.au/ausstats/abs@.nsf/Lookup/4102.0 main+features102014#top
（2017 年 6 月 11 日最終閲覧）

2　ABS は 2013 年 7 月に，2011 年実施の国勢調査データの公開を目的とするテーブルビルダーというオンラインサービスを 750 豪ドル（≒67,500 円，1 豪ドル＝90 円で換算）で開始した。このカスタマイズデータでは，購入者が任意の統計地区ごとに任意の属性を自由に組み合わせることができる。また，すべてのデータ利用がオンライン化されているうえ，アクセス回数に制限はない（堤，2014）。

3　2001 年実施の国勢調査のデータに基づいた製品である CDATA は，GIS の代表的なソフトウェアの 1 つである MapInfo のソフトウェアアプリケーションがデータと同時にパッケージ化されており，任意の社会経済属性データを任意の統計地区を取り上げて独自に地図化することを可能にした画期的な製品であった。これにより，「国勢調査＋GIS」の有用性は理解されたものの，最大の難点は，10,500 豪ドル（約 945,000 円，1 豪ドル＝90 円で換算）という価格であった。CDATA は，オーストラリアの大学図書館や州立図書館等の公共施設では無料で扱うことができたが，民間レベルで活用するには費用的な負担が問題であった（堤，2004：2010a）。

4　ABS のテーブルビルダーのウェブサイトのトップページ（2012 年 11 月 5 日最終閲覧）
http://www.abs.gov.au/TableBuilder

5　SA1 は，オーストラリアの国勢調査では最小の統計区であり，400 人程度（先住民族の

居住区周辺では 90 人程度）で 1 つの統計区を構成している。

http://abs.gov.au/websitedbs/D3310114.nsf/4a256353001af3ed4b2562bb00121564/6b6e07
234c98365aca25792d0010d730/$FILE/Statistical%20Area%20Level%201%20-%20Fact%
20Sheet%20.pdf（2017 年 6 月 11 日最終閲覧）

6 SLA は，基本的には市町村領域内に複数設定される。人口密集地と過疎地域では各
SLA 内に含まれる人口のばらつきが多い難点があるが，ABS のセンサスデータのうち，
過去にまたがる時系列データ（TSP：Time Series Profile）の集計にはこの SLA が採用
されているため，本章でも時系列比較のために SLA 単位の集計データを採用した。各統
計地区の詳細な説明は ABS のホームページに公開されている。

http://www.abs.gov.au/websitedbs/D3310114.nsf/4a256353001af3ed4b2562bb00121564/6
b6e07234c98365aca25792d0010d730/$FILE/Changes%20to%20Geographic%20Areas%
20between%20Censuses.pdf（2015 年 5 月 31 日最終閲覧）

7 ABS（2008）：2030.2 – Melbourne：A Social Atlas, 2006.
ABS の社会地図（Social Atlas）のウェブサイト（2012 年 11 月 5 日最終閲覧）
http://www.abs.gov.au/AUSSTATS/abs@.nsf/DetailsPage/2030.22006?OpenDocument

8 2013 年にオーストラリアの政権交代で誕生した保守系のトニー・アボット首相の方針
転換により，当該サービスに対して毎年課金する制度へと変更があった。これにより，
2014 年 7 月 1 日からの会計年度から，前年度のデータダウンロード量に応じた課金制度
が取られるようになった。本書の研究チームが 1 年度に支払ったデータ使用料は年間 3,900
豪ドル（約 35 万円，1 豪ドル＝90 円で換算）となった。

■■■ Column ① 　　　　　　　　　　　　　　　　　　　　大呂興平

グローバル化の進展と変容するオーストラリアの「食」
大都市で愛される高級食材の wagyu ■■■

　シドニーやメルボルンといったオーストラリアの大都市では，"wagyu"が広く市民権を得ている。筆者がシドニーに初めて訪れた 2007 年には，すでに wagyu は高級レストランだけでなく，庶民的な飲食店のメニューにもたびたび登場していた。当時筆者がよく通ったパブでは，毎週火・水曜日には wagyu メニューが 3 割引となる目玉企画があり，ステーキが人気を博していた。あれから 10 年が経とうとする現在では，wagyu は専門的な食肉店だけでなく，スーパーマーケットで一般の牛肉と並んで量り売りやパック売りされることも珍しくなくなり，wagyu のハンバーグやジャーキーといった加工品も流通している。オーストラリア市民にとって wagyu は日常にある高級食材として浸透している。

　こうした wagyu は，日本から輸入された和牛肉ではない。オーストラリ

ニュー・サウス・ウェールズ州アーミデール近郊で放牧される **wagyu 子牛**（2008 年 12 月，大呂撮影）

アの生産者が自国で生産した wagyu であり，さらにこの wagyu は東南アジアや韓国，香港，中東産油国や EU などにも輸出されている。私たちがオーストラリア産の牛肉やその食習慣に対して抱いてきたイメージは，放牧仕込みで少々硬く脂肪の少ない「オージービーフ」をステーキで豪快に食べるといったものであろう。ところが今や，オーストラリアでは霜降りの wagyu が高級食材として愛好され，しかも，同国は世界最大の wagyu 供給拠点にもなっている。

　誤解のないようにいえば，こうした wagyu は日本で「和牛」として販売される牛肉とは異なる。オーストラリアで wagyu とされる牛肉は，ほとんどが現地のアンガス種など在来種と和牛との交雑種であり，その味も日本の和牛には及ばない。しかし，それでも在来の牛肉と比べればずいぶん柔らかく脂質がとろけるような味わいがあり，wagyu は 2000 年代よりその消費を広げてきた。

　そもそも，なぜオーストラリアに wagyu がいるのか。そのきっかけは 1991 年の日本の牛肉輸入自由化にあった。広大な土地に恵まれたオーストラリアでは牛肉を低コストで生産できる。オーストラリアで和牛に近い品質の牛肉を生産し日本に輸出すれば大きな利益が得られるという狙いのもと，日豪のいくつかの業者により和牛の生体や精液といった遺伝資源が持ち込まれたのである。1990 年代後半には多くの wagyu がフィードロット（肥育場）で日本式に長期間肥育されて対日輸出されるようになり，その中には日本の店頭で本物の和牛に「化けた」ものもあったとされる。

　ところが，2002 年，日本で発覚した牛肉偽装事件と翌年のトレーサビリティによる産地表示の厳格化に伴い，日本企業は wagyu 輸入を一斉に取りやめた。wagyu は突如としてその行き先を失い，オーストラリアのフィードロットは wagyu を国内で販売する必要に迫られたのである。wagyu は通常の牛肉よりもはるかに高い価格で売らなければ採算が取れない。彼らは wagyu を在来の牛肉とは全く異なる食材としてブランド化することに奔走し，wagyu の食味を "melting-in-your-mouth"（口の中でとろける），"extraordinary rich texture"（並外れて芳醇な味わい），といった言葉で鮮烈に印象づけるとともに，日本で古来より大切に飼育されてきた品種であ

るといったストーリーを語ったり，ワイナリーのようなテイスティング・ルームを設けて提供するなど，高級感の演出に力を入れた。

　折しも 2000 年代のシドニーやメルボルンでは，好景気が続く経済状況を背景に現代的で洗練されたフランス料理や創作料理の高級レストランが急増していた。霜降りの入った wagyu はこれらの高級レストランのシェフに差別化食材として注目され，wagyu は従来型のステーキハウスだけでなく，他の素材と併せて少量盛りつけられる洗練されたスタイルでも提供されるようになった。一片の霜降り wagyu にアスパラガスや珍しいキノコが美しく配置された前菜，タマリンドと糖蜜のタレに漬け込んだ wagyu にラディッシュが添えられたプレート……。きわめて高価であるがゆえに，wagyu は一流レストランで「珍味」としての特別扱いを受け，高級食材としての地位を確立していった。さらに，こうした消費スタイルはシンガポールやロンドン，ニューヨークやドバイといった富裕層の集まる世界都市にも波及しており，今や霜降りの wagyu を消費すること自体がステータスの象徴にもなっている。他方で，2000 年代後半になると wagyu の増産とともにその大衆化も進み，シドニーやメルボルンではハンバーガーやステーキとしても一般市民に消費の裾野が広がっていった。

　海外で広がる wagyu 消費は，すき焼きやしゃぶしゃぶに慣れ親しんだ日本人には考えつかなかったものとなっている。日本向けに飼われていた wagyu は，オーストラリアの人々により巧みにローカル化され，さらにそれがグローバル化しているのである。

II　シドニー大都市圏の構造変容

1　シドニー大都市圏の拡大

　オーストラリア最大の都市は人口482万人をもつシドニーである。シドニーの起源は，1770年に現在のシドニー中心部のやや南に位置するボタニー湾にキャプテン・クックが上陸し，その後，初代総督となったアーサー・フィリップの一団も1788年にシドニーに上陸してイギリスによる領有を宣言したことにある。シドニーは，名実ともに，オーストラリアで最も古い都市である。その後，シドニーはニュー・サウス・ウェールズ植民地の首都として発展を続けた。特に，1990年代後半以降に，世界的にグローバリゼーションが進行した際には，アジア・太平洋地域の金融センターとして多くの外国金融機関や多国籍企業の本社が集積し，世界都市としてのシドニーは大きく発展して今日に至っている（Connell, 2000）。

　シドニーの拡大過程を示した**図2-1**によれば，1880年よりも前に市街地化していたのはシドニー湾の南側のごく限られた地域と，シドニー湾の最奥部に当たるパラマッタ（Parramatta）周辺にすぎず，その後，鉄道沿線や主要道路に沿って市街地の拡大はみられたが，1959年頃までの市街地は，都心を含む東西20km，南北10km程度の範囲に限られていた。ところが，1960年以降は，モータリゼーションにより市街地の急速が急速に進展した。シドニー湾の南側ではイースト・ヒルズやキャンベルタウン（Campbelltown），カムデン（Camden）などへ都市化が進んだほか，シドニー湾の北側ではパーム・ビー

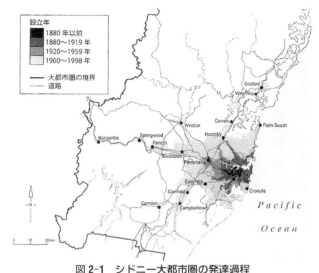

図 2-1 シドニー大都市圏の発達過程
『Heinemann Atlas Third Edition』(Reed International Books Australia Pty Ltd, 2000, p. 77) および『東南アジア・オセアニア』(菊地俊夫・小田宏信編, 朝倉書店, 2014, p. 131) より引用

チ (Palm Beach) やホーンズビー (Hornsby), ウィンザー (Windsor) などへと市街地が拡大した。しかし, シドニー湾の南北いずれの方向も, 都心から 30 km 以遠の大半は国立公園となっているため, それ以遠の市街地拡大はみられない。一方, 都心の西側ではブルーマウンテン国立公園近くまで市街地が細長く延びていった。シドニーの都心部から直線距離で約 70 km 離れたカトゥーンバ (Katoomba) は, シドニーの都心部と鉄道で結ばれており, 都心への通勤者も暮らしている。

2 シドニー大都市圏におけるエスニックグループ別の居住分布

　シドニーの多文化社会の現状を把握するため, ABS の提供するテーブルビルダーを利用して,「家庭で使用する言語[1]」に着目した。一般に,「移民」を特定する方法としてはいくつか考えられる。外国出身者を便宜的に「移民」と定義する研究例は多く, 確かに, 外国出身者数を指標とすることは, 1つのわか

りやすい方法である。ただし，この方法では，移民の1世のみが集計の中心であり，オーストラリアで生まれた移民2世や3世の特定はできない難点もある。また，国勢調査には，自身や両親（あるいは片方の親）の「出身国」を示す項目がある。仮に，このデータに着目してエスニックグループ別のデータを集めた場合，該当するのは移民1世代目と2世代目までである。このため，国勢調査のデータの「出身国」に着目した場合，近年の中国系の増加についてはある程度追うことができるかもしれないが，1960年代後半に急増した東欧や南欧諸国からの移民や1970年代のインドシナ系の移民については追うことが困難である。なぜなら，入植から30年以上経過した現在では移民も3世代目以降になっている例が多いことから，両親とも移民2世代目でオーストラリア生まれの場合，3世代目の移民の祖先がどこの国の出身かを示すデータは存在しない。そこで，本章ではABSの国勢調査のデータの中から，「家庭での使用言語」という属性に着目した。移民の2世代目以降は多くの場合，オーストラリアで英語で教育を受けているため，彼らが日常的に使用する言語は英語であり，英語ネイティヴである。しかし，家族や親類とのコミュニケーションのため，家庭では祖先の母国語を話すバイリンガルである例も多いと考えられることから，この属性データに着目した。いずれにせよ，何を指標として採用したとしても，いわゆる「統計の限界」は存在するため，すべての移民を正確に把握することは不可能である。**表2-1**によれば，シドニー大都市圏の場合，2011年の総人口の約61.5%は英語のみしか話さない。しかしこれは，全豪平均の同76.8%と比べると大幅に低く，シドニーの多文化性の証左でもある。残りの約40%弱は，家庭では英語以外の言語を使用しており，最も多いのはアラビア語（総人口の4.0%），標準中国語（同3.0%），広東語（同3.0%）の順となっており，アジア・太平洋地域の中心都市としてアジア諸国とのつながりの強い様子が伺える。特に，2001〜11年までの10年間では，標準中国語を話す人口が急増した特徴を指摘できる。

　これらのエスニックグループのうち，特徴的な分布を示す6つのグループを抜き出して地図化したものが**図2-2**である。**図2-2**内の各図の中央やや東寄りにCBD（中心業務地区≒都心）があり，CBDのすぐ北側をポートジャクソン湾の入り江が東西に延びている。シドニー大都市圏における社会構造を把握

表 2-1 シドニー大都市圏における家庭での使用言語（2001，2006，2011 年）

	2001 年		2006 年		2011 年	
	人口（人）	割合(%)	人口（人）	割合(%)	人口（人）	割合(%)
アラビア語	142,453	3.6	161,060	3.9	178,594	4.0
標準中国語	63,739	1.6	96,608	2.3	133,639	3.0
広東語	116,341	2.9	125,057	3.0	131,868	3.0
ベトナム語	65,998	1.7	72,654	1.8	84,952	1.9
ギリシア語	83,915	2.1	80,101	1.9	80,681	1.8
イタリア語	79,612	2.0	71,643	1.7	68,384	1.5
タガログ語	40,123	1.0	44,225	1.1	53,378	1.2
ヒンドゥ語	27,284	0.7	36,986	0.9	50,694	1.1
スペイン語	44,615	1.1	44,571	1.1	49,741	1.1
韓国語	29,497	0.7	35,858	0.9	45,972	1.0
英語のみ	2,625,386	65.7	2,622,435	63.2	2,722,249	61.5
合計	3,997,321	100.0	4,148,575	100.0	4,429,035	100.0

（オーストラリア統計局のデータをもとに作成）

するうえで最重要なことは，高所得世帯が比較的に多い湾の北部と，逆に低所得世帯の割合が高い南部とのコントラストが強いことである。

　まず，アラビア語を話す人口は，ポートジャクソン湾の南側に集中する傾向が強く，特にCBD に西から南西20 km 程度に位置するグランヴィル（Granville）やマウントルイス（Mt. Lewis），バンクスタウン（Bankstown）に集住域が確認できる。これらの集住域は，産業用の小空港であるバンクスタウン空港とその周りに多くの工場や倉庫が広がる雇用機会も比較的多い地区とも重なる。来豪時期が他の移民よりも近年の傾向が強いアラビア語を日常的に使用する移民グループが，これらの地区に多くみられる。こうした地区では，ハラールショップに加え，中東系の調味料，香辛料，さらには中東独特の衣類を販売する店舗も増加傾向にある。

　ベトナム系移民は，1970 年代半ばの白豪主義撤廃後に最初に渡ってきた

II シドニー大都市圏の構造変容 21

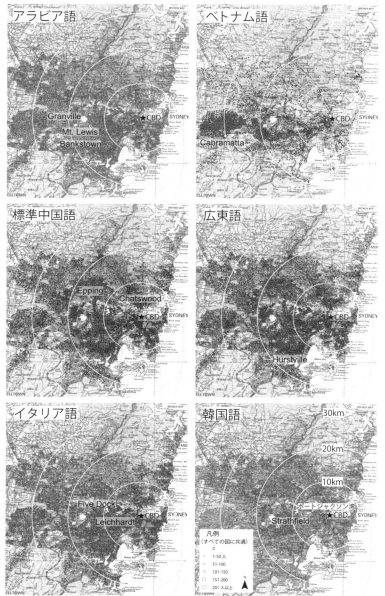

図2-2 シドニー大都市圏におけるエスニックグループ別の居住分布(2011年)(口絵1a, 1b)
(オーストラリア統計局のデータをもとに作成)

アジア系のグループであるため，他のエスニックグループよりも来豪年が古い傾向がある。ベトナム系移民のほとんどはポートジャクソン湾の南側に集中しているうえ，特に CBD の西約 30 km，シドニーの CBD から鉄道で 1 時間強かかる地区に集住する傾向が顕著に確認できる。ベトナム系移民は約 69,000 人を数え，シドニー南西部のカブラマッタ（Cabramatta，同地区人口の 35% 相当），カンリーヴェイル（Canley Vale，同 29%），カブラマッタウェスト（Cabramatta West，同 28%），カンリーハイツ（Canley Heights，同 28%）などに集住している。このように，地区人口の 3 分の 1 程度がベトナム系移民で占められる地区も珍しくなく，選挙の候補者はベトナム語話者でないと当選は難しいとか，ベトナム語話者向けの求人広告が多いなどの事例は枚挙に暇がない。

　次に，標準中国語と広東語を話す人口分布をみてみると，居住地区に関しては両者に明瞭な差はみられない。全体としてはポートジャクソン湾の南側，ハーストヴィル（Hurstville）や隣接地区のアラワ（Allawah），シドニーオリンピックパーク近くのローズ（Rhodes）やバーウッド（Burwood）など，工場の集積する産業地区の周辺に多い特徴が挙げられる。その一方で，湾の北側で戸建て住宅の多いイーストウッド（Eastwood）やエッピング（Epping）などの高所得地区や，マッコーリー大学近くのチャツウッド（Chatswood）の周辺にも標準中国語や広東語を家庭で話す人口が集まっている。これは，住宅価格が高く，高所得者層の多い地区にも，近年では中国系の移民が多く進出していることを示している。シドニー大都市圏では広東語を話す人々の方が来豪年が古く，2000 年頃までは中国系の言語の中では広東語を話す人々が最も多かった。これは長らくシドニーと香港の結びつきが強かったことに一因があるが，2000 年代を通して中国本土からの移民も急増したことから，近年では標準中国語を話す人々の方が多くなってきている。

　家庭でイタリア語を話す人々の分布は，CBD の西側 5 〜 10 km 程度に位置するライカート（Leichhardt）地区やファイブドック（Five Dock）に顕著な集住域が確認できる。これらの地区は，他のエスニックグループの集住域よりも CBD に近い特徴がある。イタリア系移民の 1 世の多くは 1950 年代に来豪したケースが多い。ポートジャクソン湾最遠部のライカート周辺には湾岸沿いに造船工場をはじめ多くの工場が集まっており，慢性的な労働力不足に悩まさ

れていた。1950 年代に入りイギリス・アイルランド系の移民が急速に減った代わりに，白羽の矢が立てられたのがイタリア系をはじめとする南欧や東欧からの移民であった。湾岸部の重工業に従事する移民男性と，近くの縫製工場などで働く移民女性といった性的分業も顕著にみられたという（Burnley, 2001）。イタリア系住民の増加に伴い，イタリア系の食材店やレストラン，イタリア製家具の輸入販売店なども増加した結果，ライカート周辺は独特のイタリア人街が形成されるに至った。今日でも，「シドニーで最も美味しいピザとショートエスプレッソが楽しめる所は？」と尋ねれば，シドニー在住の多くの人々がライカートやファイブドック周辺を挙げるほどである。

韓国語を話すグループは，アラビア語を話すグループや他のアジア系言語（ベトナム語，標準中国語，広東語）のグループに比べ，CBD から 10 〜 20 km 程度のストラスフィールド（Strathfield）など，CBD から比較的近く，公共交通機関を含めた交通アクセスのよい地区に集住する傾向が確認できる。

3 シドニー大都市圏の拡大と多民族化の進展—アジアへの玄関口と世界都市としての発展—

現代オーストラリア社会においてプレゼンスがいっそう大きくなりつつある中国系（ベトナムやマレーシアなどのインドシナ系移民を含む）とインド系移民の居住地の分布に着目した。英語を使うことに障害の少ないインド系移民を特定することは，前節のように「家庭で使用する言語」を指標とすることはできない。そこで，移民の文化的背景を示す指標として，信仰する宗教に関するデータに着目した。またその際，海外生まれか否かについての属性をクロス集計したデータを用いた。

シドニーを例に，仏教の信仰者の分布を示したものが**図 2-3** である。仏教には中国のみならずタイやベトナム系を含め広くアジア諸国からの移民が数多く含まれることは承知のうえで，仏教の信仰者の分布を概観した。全体的にはシドニー湾の南側に仏教信仰者の分布の集中域が確認でき，中でもシドニーのCBD から 5 km 圏内と CBD から西南西方向に 30 km 程度の郊外に当たるカブラマッタ（**写真 2-1**）まで集中域がみられる。**図 2-3** 中に薄いグレー色で示さ

図 2-3 シドニー大都市圏における仏教信仰者の分布（2011 年）
(出典：オーストラリア統計局)

れるものは海外生まれの割合であることから，CBD やシドニー湾北部の郊外に海外出身者の割合が高く，分布の集中するシドニー湾南部にはオーストラリア出身の仏教徒が多いことが指摘できる。

　同様に，シドニーを例に，ヒンドゥ教の信仰者の分布を示したものが**図 2-4**である。シドニー大都市圏におけるヒンドゥ教信仰者については，仏教の信仰者の分布とは特徴が異なることがわかる。もちろん，インド系移民であってもシーク教をはじめヒンドゥ教以外の信仰者も数多く存在すること，また，インド系以外にもヒンドゥ教の信仰者が存在することは承知のうえで，ここでは便宜上，ヒンドゥ教の信仰者の分布からインド系のエスニックコミュニティの特

写真 2-1　シドニー郊外のベトナムタウン：カブラマッタ
(2015 年 9 月，堤撮影)

徴を概観した。シドニー大都市圏におけるヒンドゥ教信仰者については，シドニー湾の南側で CBD の西側約 10 km 以遠に当たるストラスフィールドやパラマッタの周辺にまとまった分布が確認できる。これらの地区一帯は，シドニー大都市圏内でも工場の集積度の高い地区である。また，図 2-4 中に薄いグレー色で示されるものは海外生まれの割合であることから，ヒンドゥ教の信仰者の多い地区は，海外出身者の割合も同時に高いことが読み取れる。シドニー湾の北側にも図中に薄いグレー色で示されたヒンドゥ教の信仰者が確認できるが，図中のシンボルは相対的に小さく，まとまった分布とは言い難い。これらのことから，近年のシドニーではインド系の海外出身者（移民 1 世代目）がストラスフィールドやパラマッタの周辺等の雇用の多い地区に集中することにより，インド系移民のプレゼンスがシドニー大都市圏内で増大していると考えることができる。

　また，図 2-3 と図 2-4 を対比してみると，仏教とヒンドゥ教の各信仰者の分布域はあまり重ならず，エスニックグループ別に住み分けている状況が読み取れる。特に，多くがアジア諸国からの移民と考えられる仏教信仰者が CBD やシドニー湾北部の郊外に集中する傾向があることは，シドニー大都市圏の性格を考察するうえでも大変興味深い事実である。これらの地域は高所得者の

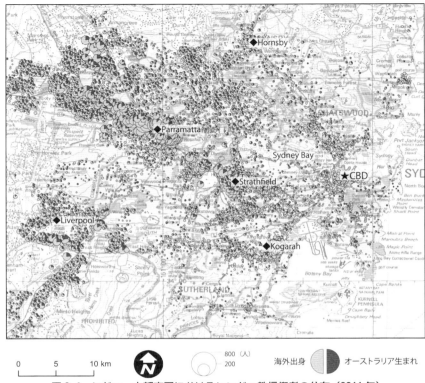

図 2-4 シドニー大都市圏におけるヒンドゥ教信仰者の分布（2011年）
(出典：オーストラリア統計局)

分布域とほぼ重なる。これは，ヒンドゥ教の信仰者が産業地区にまとまって分布する傾向があることとは対照的である。

4 シドニー大都市圏におけるエスニックグループと所得との関連

表 2-2 は，シドニー大都市圏（Greater Capital City Statistical Area：GCCSA）における使用言語別，所得，教育水準の属性をクロスさせたものである。ABS が 2006 年版の国勢調査について公開している社会地図（Social Atlas[2]）をみると，大学卒業以上の学歴をもつ人々が多く暮らす地区はおおむね

表 2-2 シドニー大都市圏における使用言語別・学歴別にみた所得状況 (2011 年)

主要言語	言語別人口（人）	言語別割合(%)	大学卒業以上			専門学校以下・その他***			合計				
			週給600豪ドル未満 (%)	～1,999豪ドル (%)	週給2,000豪ドル以上 (%)	週給600豪ドル未満 (%)	～1,999豪ドル (%)	週給2,000豪ドル以上 (%)	週給600豪ドル未満 (%)	～1,999豪ドル (%)	週給2,000豪ドル以上 (%)	非回答 (%)	非分類***** (%)
英語	2,732,437	62.2	3.6	9.8	5.3	30.2	24.5	3.2	33.8	34.3	8.4	2.6	20.8
中国語系言語*	283,963	6.5	11.0	16.9	3.5	39.4	13.0	0.7	50.5	29.9	4.1	1.8	13.6
アラビア語	202,388	4.6	4.4	5.6	1.4	45.8	14.7	0.8	50.2	20.3	2.1	4.0	23.3
インド系言語**	150,390	3.4	13.8	20.9	4.4	25.9	14.4	0.6	39.7	35.3	5.0	1.9	18.2
ベトナム語	95,101	2.2	3.6	7.3	1.6	47.0	17.7	0.4	50.6	25.0	2.1	2.7	19.6
ギリシア語	80,776	1.8	2.3	7.0	3.2	45.1	23.9	2.2	47.3	30.9	5.4	3.7	12.6
大都市圏全体	4,391,683	100.0	4.8	10.2	4.3	31.6	21.1	2.3	36.4	31.3	6.6	6.5	19.2

（オーストラリア統計局のデータをもとに作成）

1) 表中の網かけは、大都市圏全体の平均を上回るもの。
2) ※中国語系言語は、標準中国語（北京語）、広東語、客家語、呉語などの合計。
3) ※※インド系言語は、ベンガリ語、ヒンディー語、ネパール語など Indo-Aryan 系の言語の合計。
(http://www.abs.gov.au/ausstats/abs@.nsf/Lookup/2901.0Chapter610 2011)
4) ※※※その他には、非回答・非分類を含む。
5) ※※※※非分類は、統計上、Not applicable と分類されたもの。

シドニー湾北部の高所得地区であり，行政や企業の管理職従事者の多い地区と分布が重なる。これには英語の運用能力と強い相関があることは明らかである。**表 2-2** によれば，自宅で英語を使用する人々の所得水準をみると，大学卒業以上と専門学校以下の学歴にかかわらず，週給 2,000 豪ドル（≒18 万円，年収約 1,000 万円以上，1 豪ドル＝90 円で換算）以上のグループの割合がシドニー大都市圏の平均を上回っている。一方で，中国系言語からギリシア語まで英語以外の上位 5 つの言語グループについてみると，インド系を除くすべてのグループにおいて，大学に進学せず，週給 600 豪ドル以下の所得グループがシドニー大都市圏の平均よりもかなり多い。さらに興味深い点を挙げれば，中国系言語とインド系言語のグループは大学進学率が高く，週給 600 豪ドル以下の所得グループはもとより，週給 600 ～ 1,999 豪ドルのグループ，週給 2,000 豪ドル以上のグループの割合もシドニー大都市圏の平均を大きく超えている。シドニーは多文化共生都市として脚光を浴びる機会が多いが，その中で，中国系とインド系が他のエスニックグループよりも突出してオーストラリア社会で存在感が大きいといえる。

5 ジェントリフィケーションの進行

　ジェントリフィケーションとは，やや広義にとれば，古い粗末な住宅が高価なコンドミニアムなどに建て替えられることを指す。もともとは 1960 年代にロンドンで最初に認識され，その後アメリカやヨーロッパ，そして日本の大都市部でも発生が確認され，関連する研究事例が報告されている。先進諸国の大都市地域では郊外化の進展により中心市から中・高所得者が郊外転出した結果，都心周辺の古い住宅密集地域に低所得者や高齢者などの社会経済弱者が取り残されることは珍しくない（藤塚，2017）。こうした地区は都心に近いことから近年では再び注目を集めており，住宅が更新される際にエレガントな住宅に生まれ変わることも珍しくない。この場合，家賃帯は一般的に上昇するため，もともとそこに住んでいた人は，高騰した家賃負担に耐えきれずに転居せざるをえなくなる。その結果，居住者階層の上方移動（Social Upgrade）がみられる。

　1990 年代後半以降に進展したグローバリゼーション下において，シドニー

はオーストラリア国内では最も急速に，かつ顕著に成長した都市である。アジア太平洋地域の拠点として，国際金融機能や外資系企業の地域本社も集積し，世界都市としてのシドニーは大きく発展して今日に至っている（Connell, 2000）。1990年代のグローバリゼーションによる外国からの投資（FDI）の増加，2000年のシドニーオリンピック開催，1996～2007年まで続いた保守系政党による長期政権下で強力に進められた規制緩和と公営企業体の民営化，などのさまざまな要因が複合的に重なったため，1990～2000年代にかけてのオーストラリアは空前の好景気に沸いている。特に，シドニーの中心業務地区およびその周辺部では，オフィスと高層コンドミニアムを組み合わせた複合的な再開発事業が数多く行われ，ダーリングハーバー地区，ワールドスクエア地区，さらにはシドニー湾を越えてノース・シドニーへのバックオフィス（対面接触を必要としない経理などのオフィス）の拡大などが急速に進展した。

　図2-5（2006年）および図2-6（2011年）は，各年次のセンサスの小統計区を対象に，世帯収入（常住地）に基づいて世帯数を集計し，週給2,000豪ドル以上の割合を示したものである。これらの図によると，2006年の段階では高所得者の割合の高い地区はシドニー湾に面した（特に北部の）眺望のよい地区が中心であったが，わずか5年後の2011年には，シドニーのCBD（図中★）の西南西約3kmのニュータウン地区を中心に，各統計区内に占める高所得者の割合が30％を超える地区が急増した様子がみてとれる。高所得と低所得のそれぞれのグループについて過去5年間の移動の発地と着地を集計してみると，ニュータウン地区へ過去5年間に流入した者のうち，国内から流入（全流入者の35.5％）した者の大半はシドニーのCBD周辺およびCBDとニュータウン地区の中間に位置する地区から外方へ向かう移動であった。一方，2006年の時点でニュータウン地区に居住していた住民のうち，主に低所得者層を中心に，ニュータウン地区よりもCBDからの距離が遠い地区へ押し出される移動が確認できた。このように，シドニーでは都心周辺部の古い街区に高所得者が増加した反面，もともとの低所得者の居住者が追い出されるという典型的なジェントリフィケーションが確認できる。

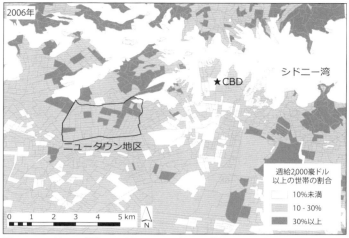

図 2-5　シドニー都心周辺部における高所得世帯の割合 (2006 年)（口絵 3）
（オーストラリア統計局のデータをもとに作成）

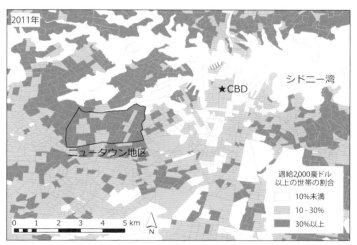

図 2-6　シドニー都心周辺部における高所得世帯の割合 (2011 年)（口絵 4）
（オーストラリア統計局のデータをもとに作成）

6 シドニー大都市圏における社会・経済的特徴別の住み分けの状況—中国系住民に着目して—

エスニックグループの中でも中国系については，他のエスニックグループよりも住み分けの状況が複雑である。シドニー大都市圏を対象に，「家庭で中国語

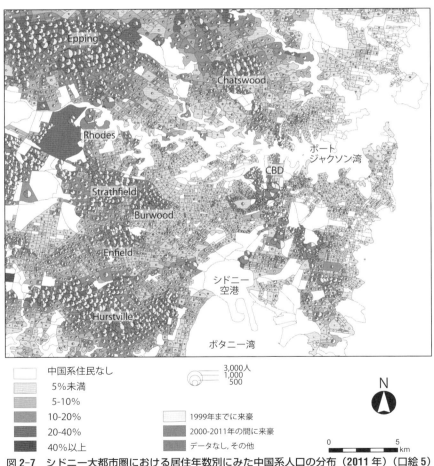

図 2-7　シドニー大都市圏における居住年数別にみた中国系人口の分布（2011年）（口絵5）
（オーストラリア統計局のデータをもとに作成）

（標準中国語，広東語，客家語，呉語など）」を話す人口を SA1 のレベルで集計した後，来豪年のデータをクロスさせて再集計し，GIS ソフトウェアで地図化したものが**図 2-7** である。なお，各統計区の総人口をもとに，家庭で中国語系の言語を使用する人口割合も算出した。この図は，**図 2-2** でみた標準中国語人口と広東語人口を合算したものと総数は同じであるが，地区内の中国系人口の割合と，来豪年の情報がクロスさせてあるため，より詳細な特定が可能になっている。

　図中に薄いグレー（1999 年までに来豪）と濃いグレー（2000 年以降に来豪）で示されたグラフの分布をみると，CBD の周辺では各地区の中国系人口の実数が多いことに加え，図中に濃いグレーで示された 2000 年以降に来豪した「新しい移民」が多く集まっていることがみてとれる。CBD の周辺にはシドニー大学やニュー・サウス・ウェールズ大学，シドニー工科大学などが集まっているため，CBD の周辺に留学生が多く集まっていることも一因であるが，2000年以降に，CBD 近くのダーリングハーバーやワールドスクエアなどの都心再開発によって多くのコンドミニアムや家具付きサービストアパートメントが大量に供給されたことも，こうした分布を説明する要因の 1 つである。また，図中には，ポートジャクソン湾の南側のストラスフィールドやバーウッド，エンフィールド（Enfield），ローズなどにも，中国系人口の集住域が確認できる。一方，ポートジャクソン湾の北側の高所得地区であるエッピングの周辺をみると，全体として「薄いグレー」すなわち，1999 年までに来豪した居住歴の長い中国系人口が多い特徴がみてとれる。また，各統計区内に占める中国系人口も 40％を超えるような高度な集積も珍しくない様子がわかる。

7 まとめ

　本章で考察してきたシドニー大都市圏の構造変容には，年増加率 2％以上という人口増加率とそれに大きく寄与する移民の増加が大きく関係している。1990 年代半ば以降に顕著になったグローバリゼーションの進展によって，シドニーには他のオーストラリアの都市を大きく引き離して，世界中からヒト・モノ・カネが流入した。外国からの投資（FDI）の増加，2000 年のシドニー

オリンピック開催，1996 〜 2007 年まで続いた保守系政党による長期政権下で強力に進められた規制緩和と公営企業体の民営化，などのさまざまな要因が複合的に重なったため，1990 〜 2000 年代にかけてのオーストラリアは空前の好景気に沸いている。こうした好景気が続く一方で，産業の多くの部門において深刻な人手不足も常態化したことは，移民労働者の急増につながった。シドニーを対象に移民の増加をみると，仕事では英語を使うものの，家庭では英語以外の言語を使う人口の増加が著しい。シドニー大都市圏では，増加の著しいアラビア語人口やベトナム語人口などは，ポートジャクソン湾の南側の低所得者の多い地域に集中する傾向にある。一方，標準中国語や広東語を話す人口は，大多数は低所得者の多い地域に集中するものの，同湾の北側に位置する高所得者の多い地区にも相当数が進出していることがわかる。国勢調査のカスタマイズデータを分析した結果，中国系やインド系の移民は，シドニーに多く住む他のエスニックグループに比べて，学歴や所得の面で高い傾向が明らかになった。

(堤　純)

注

1　シドニー大都市圏では，小統計区 SA1 の数は 1 万を超える。個人属性側をみれば，「アジア系言語」「南ヨーロッパ系言語」程度の大雑把な分類である 1 桁レベル（1 Digit Level）では 12 種類の言語グループ別の集計が可能であるが，これでは中国語と韓国語，日本語の区別もできない。やや詳しいレベルとして 2 桁レベル（2 Digit Level）になると，言語は 63 種類に分かれている。ただ，データ量の肥大化の問題もある。2 桁レベルのデータでも，本章の地理行列は 60 万セル以上に及ぶ膨大なデータである。テーブルビルダーでは，さらに 502 種類まで詳しく分類・集計された 4 桁レベル（4 Digit Level）のデータも集計は可能ではあるものの，統計上の「非分類」やデータのエラーが多くなってしまう難点があるうえ，各統計区の集計人数が 0 や数人程度にまで減ってしまうため，地区間の比較などには適さない恐れも生じる。こうした点を勘案し，本書では，2 桁レベルを採用した。

　「家庭で使用する言語」という指標についてみると，2010 年 10 月 1 日現在の外務省在留邦人統計によればシドニー大都市圏に滞在する邦人数は 25,808 人であるが，テーブルビルダーにより集計した「家庭で日本語を使用する者」は 12,827 人（2011 年 8 月）であった。http://www.mofa.go.jp/mofaj/toko/tokei/hojin/11/pdfs/1.pdf（2014 年 5 月 7 日最終閲覧）

2　http://www.abs.gov.au/AUSSTATS/abs@.nsf/DetailsPage/2030.12006?OpenDocument（2014 年 5 月 7 日最終閲覧）

III シドニー大都市圏におけるアジア系移民の移住・集住・エスニック都市空間
―ウェスタン・シドニー地域のフィリピン系移民を事例に―

1 はじめに

　1970 年代以降に浸潤した経済のグローバル化は，「移民の時代」と呼ばれるヒトが大量に移動する世界を生み出した。Castles et al.（2011）によれば，「移民の時代」の大きな特徴の 1 つに「移民の女性化（Feminization of Migration）」が挙げられる。すなわち，これまでの男性を中心とした移民（女性は男性に付随して移動）が当たり前の時代から，女性が単身で出稼ぎ移住する新しい時代が到来したというのである。アジア最大の人的輸出国として知られるフィリピンは，例えば 2010 年の 1 年間で 30 万人以上の国民を新規雇用で海外に送り出し，その半数以上が女性労働者であるという点でまさに「移民の時代」の象徴的な存在といえよう。

　フィリピンが人的輸出大国となった背景には，1960 ～ 70 年代のフェルディナンド・マルコス政権（1965 ～ 86 年在位）下における政情不安や経済低迷がある。出稼ぎ移民となった労働者たちは，不安定な国家経済を根底から支える貴重な輸出品として，海外へと積極的に売り出されたのである。特に，1972年戒厳令発令後に制定された新労働法（1974 年）と 1982 年に設立された海外雇用庁（POEA）は，そのようなフィリピンの人的輸出政策に決定的な役割を果たしてきた（小ヶ谷，2003）。

　フィリピンではそれ以降，性別職務分離に従って国家レベルでのジェンダー化された人的輸出が進むことになる（Tyner, 1994）。その結果，フィリピンか

表 3-1　フィリピン人の渡航先（上位 4 か国）（1981 ～ 2015 年）

順位	渡航先	定住目的（人）	うち配偶者ビザ（人）	うち配偶者ビザ（%）
1	アメリカ	1,361,984	216,037	15.9
2	カナダ	410,440	22,004	5.4
3	日本	138,754	120,799	87.1
4	オーストラリア	131,959	39,454	29.9
5	その他	148,873	101,142	67.9
	計	2,192,010	499,436	22.8

（Commission on Filipinos Overseas の統計より作成）
注：「配偶者ビザ」の人数は 1989 ～ 2015 年の合計値である。また，アメ
リカには本土以外にグアムのような自治領も含まれている。

らの出稼ぎ労働を目的とした渡航では，男性の場合主に中東産油国での建設・
技術労働者に，女性の多くはアジア先進地域や欧米に向かう看護婦や家政婦と
なった。一方，定住目的での渡航先として人気があるのはアメリカ・カナダ・
オーストラリアなどもともと移民の多い英語圏，そして日本である（**表 3-1**）。
フィリピン系移民は今や，世界中の「労働の場所」（出稼ぎ先）あるいは「生
活の場所」（定住先）としてのホスト社会の受入れ様態に従いつつ，社会経済的・
政治的に不利になりがちな状況を克服するために自らのコミュニティを組織化
し，ときにトランスナショナルな「対抗的主体」を形成しているという（小ヶ
谷，2001）。
　本章では，1970 年代以降のオーストラリアにおけるアジア系移民の中で，
ベトナム難民を除いて最も早く移住がみられたフィリピン系移民に着目し，特
にニュー・サウス・ウェールズ州シドニー大都市圏の西部郊外における集住と
エスニック都市空間の形成を俯瞰したい。**表 3-1** に示されるように，1981 ～
2015 年の間でフィリピンからオーストラリアへ定住目的で移民した人々の累
計は，アメリカ・カナダ・日本についで 4 位である。しかし，これら上位 4 か
国のうち「配偶者ビザ」で入国した移民の割合は，オーストラリアが日本につ
いで約 30％と 2 番目に高い値を示している[1]。後述する通り，このことは 1980
年代以降のオーストラリアで白人男性と結婚するフィリピン人女性移民が社会

問題化した事実（Satake, 2000；Saroca, 2006）や，現在でも在豪フィリピン社会に占める女性人口の割合がきわめて高いことに反映されている。こうした人々が，オーストラリア移住後に大都市圏内のどこに定住し，都市空間の形成にいかに寄与してきたのかを明らかにしておくことは，現代オーストラリア社会の多文化化を理解するうえで一定の意義があろう。

2 オーストラリアにおけるフィリピン系移民の移住形態

（1）到着年次からみた特徴

ここではまず，2011年に公表された国勢調査を用いて，2011年時点でオーストラリアに在住していた移民の到着年次（海外で生まれた人が，いつオーストラリアに到着したのか）を概観しておきたい。図3-1は「海外生まれ（Born Overseas）」人口のうち，2011年時点の出生地別人口規模で10万人を超える国を多い順に1位の中国（香港，マカオ，台湾除く）から7位のドイツに至る

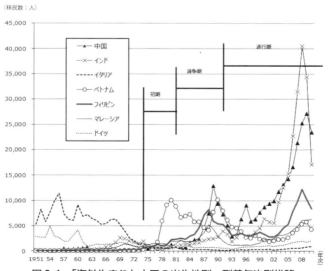

図3-1　「海外生まれ」人口の出生地別・到着年次別推移
（2011年の国勢調査のデータより作成）

まで，到着年次ごとの移民数の推移を表したものである。

　図3-1をみると，ときの移民大臣グラスビーが「多文化主義宣言」を行い，オーストラリアが白豪主義から多文化主義へと大転換を果たした1973年を境に，オーストラリアに移住する人々の出生地が大きく変化した様子をうかがえる。すなわちイタリアやドイツ，図3-1には示されていないがギリシア生まれといったヨーロッパ系移民の到着が大半を占めていた1970年代前半以前から，中国やインド，ベトナムなどのアジア生まれ移民が卓越する1970年代後半以降への変化である。フィリピン系移民はもちろん後者のグループに属している。

　この変化を少し詳細にみてみると，多文化主義への転換後すぐに増加したのはベトナム生まれ人口であった。大半はベトナム戦争や中越戦争の影響を受けたベトナムからの移民・難民である（筒井ほか，2015）。一方，中国系は1989年に大きな波が訪れた。葉ほか（2015）は，1989年の天安門事件や民主化運動に対する弾圧を逃れた人々（特に留学生）の移住が加速したことを指摘する。ベトナムや中国に加えて，近年はインド生まれの移民も急速に増えている。以上のように，オーストラリアへの移民には出生地ごとの社会経済・政治的状況が大きく関わっているのである。

　このなかで，「フィリピン生まれ（Philippine-born）」人口の到着が増加し始めるのは，他のアジア系移民と同じく1970年代後半である。特に1980年代の伸びは結婚移民，いわゆる「メール・オーダー・ブライド（Mail-Order Bride：MOB）」の増加によっている（Saroca, 2006）。多くはオーストラリア人男性との結婚移民であり，例えば1981年に到着したフィリピン生まれ人口を男女別にみると，圧倒的に女性の割合が高い（図3-2）。

　フィリピン生まれ人口の到着のピークは1988年である。1980年代後半は，反マルコスのうねりと「ピープル・パワー」と呼ばれる市民社会・政治運動が活発化し，フィリピン社会が大きく揺れ動いた時代でもある（清水，2002）。この時期には，それまでのMOBに加えて家族単位での移住（Family Migration）や家族呼び寄せプログラムによる移住（Family Reunion）が増加したものと想定される[3]。その結果，男女間の人口学的な偏りは，1988年，1998年そして2008年と年を経るごとに緩和していくことになる（図3-2）。

　他方で，ホスト社会の受入れ様態としてのオーストラリア型多文化主義も，

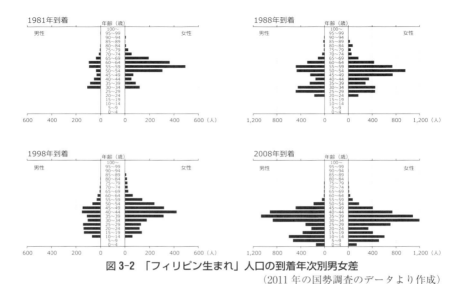

図 3-2　「フィリピン生まれ」人口の到着年次別男女差
（2011 年の国勢調査のデータより作成）

導入以降の 40 年間で大きく変容した。とりわけ，1980 年代に生じた 2 つの反多文化主義論争後に提出された 1989 年の政策提言書『多文化国家オーストラリアに向けたナショナル・アジェンダ』は，多文化主義の新たな正当性の担保として，移民の流入がオーストラリア社会に何らかの経済効果をもたらす点を強調する「経済合理主義」を追加した（増田，2010）。その理念は 1990 年代のキーティング政権で「生産的多様性」へと昇華し，やがては保守党ハワード政権下（1996 〜 2006 年）における移民サービスの大幅な予算削減へ，すなわち「多文化主義の退行」（Satake, 2002）へとつながっていく。具体的には，「1997 年に家族再結合カテゴリーの見直しがされ，親および独立した子どもの呼び寄せが可能であった拡大家族の枠がなくなり，オーストラリアに関する技術者（Skilled Australian Linked）カテゴリーが創設され」たり（増田，2010：90），移民の英語能力をよりいっそう重視するなど，移民統合のコストを低減しオーストラリア経済への貢献度を取り入れた多文化主義へと変容してきたのである。こうしたオーストラリア型多文化主義の 40 年を，塩原（2005）は「福祉国家的」な多文化主義から「ネオ・リベラリズム」への変容と解釈している。

　以上をまとめると，マルコス独裁政権下の 1970 年代からフィリピン系移民

の結婚移住が始まってピークを迎える 1980 年代末頃は，ちょうどオーストラリア型多文化主義の初期～論争期に相当するが，1980 ～ 90 年代に家族移民が増加してまもなく，多文化主義は現在へと続く長い退行期に差し掛かっていったことになる。

（2）州別・大都市圏別にみた特徴

　次にフィリピン系移民の州別・（統計上の）大都市圏別分布状況を，家庭で使用する言語や祖先の点からみておく。**表 3-2** によれば，2011 年時点のフィリピン生まれ総人口 17 万人のうち 41.1％がニュー・サウス・ウェールズ州に，22.2％はヴィクトリア州に居住する。ここに 17.2％のクイーンズランド州を加えれば，実に 8 割以上が東海岸の 3 州に居住していることになる。一方で，ニュー・サウス・ウェールズ州人口自体の全国比はオーストラリア総人口の 30％程度であるため，フィリピン生まれ人口の当該州への集中度の高さがうかがえよう。なお，フィリピン生まれ人口のうち 62.3％は女性である。

　これを（統計上の）大都市圏（Greater Capital City Statistical Area：GCCSA）別にみると，特にニュー・サウス・ウェールズ州内においてフィリピン生まれ人口のシドニーへの集住が顕著である。ナショナル・スケールでは，フィリピン生まれ人口の 81.4％がこれら 7 大都市圏のいずれかに居住するが，ニュー・サウス・ウェールズ州に限ってみればフィリピン生まれの州内人口の 89.2％がシドニーで暮らしているのである。かれらにとって，「労働の場」ないしは「生活の場」としてのシドニーの優位性が指摘できる。

　また，人々にルーツを尋ねる質問に「祖先がフィリピン人」と回答した人の合計（224,726 人）は，フィリピン生まれ人口よりも若干多くなっている。フィリピン生まれ両親のもとでのオーストラリア生まれ第 2 世代や，その後の世代も「祖先がフィリピン人」となるからであろう。「祖先がフィリピン人」回答者を「フィリピンにルーツをもつ移民の総数」とすると，かれらの中で，家庭言語に母国語（「タガログ語」やフィリピンの国語である「フィリピノ語[5]」）を使用している人（136,856 人）の割合は 6 割程度となる。

　フィリピンは，アメリカによる植民地の影響もあって英語を話せる人口が多い。それにもかかわらず，いまだ 6 割の人が母国語を家庭言語として使用しているというのは，フィリピン系移民のオーストラリアへの移住歴が浅く，第 1

表3-2 オーストラリアにおけるフィリピン系移民の人口学的特徴（2011 年）

単位（人）

出生地 \ 州	ニュー・サウス・ウェールズ	ヴィクトリア	クイーンズランド	南オーストラリア	西オーストラリア	タスマニア	ノーザンテリトリー	首都特別地域	その他	計〈男性〉	計〈女性〉	計
フィリピン	70,389 (41.1%)	38,003 (22.2%)	29,463 (17.2%)	8,858 (5.2%)	17,231 (10.1%)	1,267 (0.7%)	3,586 (2.1%)	2,422 (1.4%)	14	64,618 (37.7%)	106,615 (62.3%)	171,233
オーストラリア	4,747,461 (31.6%)	3,670,946 (24.4%)	3,192,240 (21.3%)	1,170,791 (7.8%)	1,411,521 (9.4%)	414,269 (2.8%)	158,030 (1.1%)	255,058 (1.7%)	1,475	7,416,134 (49.4%)	7,605,657 (50.6%)	15,021,791
総人口	6,917,657 (32.2%)	5,354,040 (24.9%)	4,332,738 (20.1%)	1,596,569 (7.4%)	2,239,172 (10.4%)	495,351 (2.3%)	211,943 (1.0%)	357,219 (1.7%)	3,030	10,634,013 (49.4%)	10,873,706 (50.6%)	21,507,719
家庭言語												計
タガログ語	37,120	16,536	12,410	3,820	8,286	458	1,765	1,050	11			81,456
フィリピン語	21,104	14,527	8,695	2,975	5,678	332	1,266	823	0			55,400
計	58,224	31,063	21,105	6,795	13,964	790	3,031	1,873	11			136,856
相先がフィリピン人												計
第1回答	78,758	41,747	29,028	8,974	16,441	1,192	3,564	2,516	13			182,233
第2回答	15,181	8,316	10,322	2,542	3,961	541	811	816	3			42,493
計	93,939	50,063	39,350	11,516	20,402	1,733	4,375	3,332	16			224,726

出生地 \ GCCSA*	シドニー	メルボルン	ブリスベン	アデレード	パース	ホバート	ダーウィン	キャンベラ	計
フィリピン	62,841	33,922	15,943	7,507	13,397	533	2,890	2,417	139,450
オーストラリア	2,632,586	2,530,780	1,452,972	860,282	1,033,046	173,767	81,344	254,623	9,019,400
総人口	4,391,672	3,999,980	2,065,998	1,225,235	1,728,865	211,655	120,586	356,586	14,100,577
家庭言語									
タガログ語	34,338	15,126	7,096	3,312	6,538	224	1,472	1,046	69,152
フィリピン語	19,125	13,181	4,700	2,505	4,215	151	1,007	820	45,704
計	53,463	28,307	11,796	5,817	10,753	375	2,479	1,866	114,856
相先がフィリピン人									
第1回答	71,586	37,856	16,264	7,714	12,882	507	2,888	2,512	152,209
第2回答	12,004	6,992	5,507	2,148	3,174	238	650	812	31,525
計	83,590	44,848	21,771	9,862	16,056	745	3,538	3,324	183,734

注：＊Greater Capital City Statistical Area の略語で、統計調査上の大都市圏を表している。

（2011 年の国勢調査のデータより作成）

世代が健在であり，かつフィリピン生まれ同士による家庭がいまだ多いことを示唆している。世代を経れば，家庭で使用する言語がオーストラリアの国語である英語に入れ替わることが予想されるからである。州別・（統計上の）大都市圏別で示した数字も基本的には同様の傾向となるが，次節でみるように，大都市圏「内部」のスケールにおいては家庭言語使用率に明確な地域差が表れる。

3 シドニー大都市圏のフィリピン系移民の集住

図3-3は，シドニー大都市圏を構成する43の自治体（Local Government Area）ごとに，1996年と2011年の海外生まれ人口比とフィリピン生まれ人口の分布を重ねて示したものである。図3-3からもわかるように，1996年に海外生まれ人口比が50％を超えていた地域は，自治体としてのシドニー市から西部郊外に向かって半径40 km圏のフェアフィールド市に至るまで細く帯状に広がっている。一方で，同じ半径20～40 km圏内でも北部と南部の郊外では海外生まれ人口比がやや低い。また，半径40 kmを超えてブルーマウンテンズなどの国立公園に囲まれた地域に入ると，比率はさらに低下する。多文化・多民族化が進むオーストラリア最大の都市圏といえども，移民の様相は半径40 km圏内の一部地域に特定の社会現象であることが理解される。

続いて2011年に目を移せば，当該大都市圏全体における海外生まれ人口比はこの15年間で大きく上昇したことがわかる。しかしながら，海外生まれ人口比が50％以上を示す自治体の分布域はシドニー市から西部郊外にかけて帯状のままであり，その空間的範囲にはさほど変化がみられない。他方で，2011年には海外生まれ人口比が60％を超す自治体（オーバーン市，ストラスフィールド市）が半径20 km圏内のインナーウェスト地域に新たに出現するなど，西に向かう移民の帯への集中度は15年間でいっそう増すかたちとなった。海外生まれ人口比が60％のストラスフィールド市には韓国生まれ人口が多く，駅前にはコリアンタウンが形成されている。また同64％のオーバーン市にはアジア系のみならず中東系のコミュニティが存在し，駅前から連なる商店街の末端にはアラビア語の看板が散見されるなど異種混交した景観が広がっている。そのことを体現して，オーバーン市のキャッチフレーズは「many

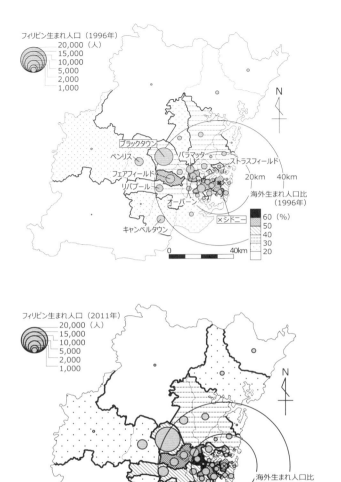

図 3-3 シドニー大都市圏における「フィリピン生まれ」人口の分布とその変化
(1996 年と 2011 年の国勢調査のデータより作成)

cultures one community」である (**写真 3-1**)。

　オーバーン市のようなインナーウェスト地域は，オーストラリアに到着した

Ⅲ　シドニー大都市圏におけるアジア系移民の移住・集住・エスニック都市空間　43

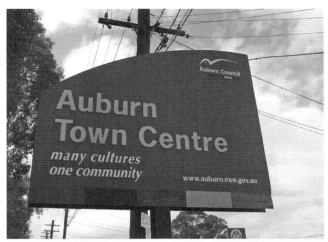

写真 3-1　オーバーン市役所の掲げる看板
(2012 年 12 月，阿部撮影)

移民が最初に居住する「ドロップ・ポイント」になっている。移民の多くは CBD に近くて生活に便利なインナーシティにまずは流入し，生活基盤が安定してくるとより快適（かつ安価）な居住環境を求めて（たいていは西部の）郊外へと拠点を移動させていくのである。その先にあるのが，シドニー市から半径 20 ～ 40 km 圏に位置するウェスタン・シドニー地域（パラマッタ，フェアフィールド，リバプール，キャンベルタウン，そしてブラックタウン）である。1996 年と比べて当該地域に海外生まれ人口比が急増したのは，1990 年代半ばまでに流入したインナーウェスト地域の移民が西部郊外へと引っ越した結果であると推測される。加えて，最初に到着した人々が抜けたあとには，さらに後発組の（しばしば出生地が従前とは異なる）新規移民がインナーウェスト地域に流入するため，オーバーン市のような都心近郊のインナーシティは，時間の経過とともに出自がより混在したマルチ・エスニックな都市空間へと変貌を遂げていくのである。

　次にフィリピン生まれ人口の分布をみる。フィリピン生まれ人口の多寡は，ある程度海外生まれ人口比の分布域と重なっていることが読み取れる。フィリピン系移民も，インナーウェスト地域を移住直後のとりあえずの居住地として

きたのであろう。一方で，フィリピン生まれ人口は 1996 年の時点ですでに，海外生まれ人口比が 40％未満のブラックタウン市に 1 万人を超える規模での集住をみることができ，同じく 40％未満のリバプール（1,805 人）やパラマッタ（2,126 人），30％未満のキャンベルタウン（2,061 人）やペンリス（2,421 人）も 2,000 人前後の人口規模を抱えている。周辺自治体も含めてこれらを合計すると，およそ 2.2 万人のフィリピン生まれ人口がウェスタン・シドニー地域に居住していた計算である。1996 年当時のシドニー大都市圏におけるフィリピン生まれ人口の総数は 42,454 人であるため，当該地域にフィリピン生まれ人口の空間的セグリゲーションがすでに存在していたことを理解できよう。

2011 年になると，この傾向にいっそう拍車がかかる。特にブラックタウン市自体のフィリピン生まれ人口が約 2 万人となり，ウェスタン・シドニー地域全体ではいまや 3.6 万人を超える規模となった。2011 年のシドニー大都市圏全体ではフィリピン生まれ人口の総数が 62,840 人であるため，この空間的セグリゲーションは 15 年間でさらに進行したことになる。ブラックタウン以外でとりわけ人口規模が大きいのは，キャンベルタウン（3,594 人）・リバプール（3,579 人）・ペンリス（3,070 人）の 3 つの自治体であり，この事実は「ここ最近キャンベルタウンもフィリピン人の集住地になっている」という筆者の聞き取り調査結果[10]とも一致する。

同様に，母国語（フィリピノ語ないしはタガログ語）を家庭で使用する言語に用いている話者の分布をみると（**図 3-4**），**図 3-3** の人口分布と類似した結果を読み取れる。ただし，ブラックタウン市においては家庭言語使用率が 7 割を超えるのに対し，他のウェスタン・シドニー地域では 6 割台とやや低下する。ブラックタウンには，基本的にフィリピン生まれを両親にもつ移民第 1 世代家庭が家族単位で定住しているものと予想され，一方で使用率が低いシドニー市周辺部（すなわち CBD とその周辺地域）や北部・南部郊外，そして半径 40 km 以遠は，おそらく第 2 世代以降（つまり第 1 世代からすでに独立した子どもたち）や国際結婚したフィリピン人女性たちの居住地になっているものと考えられる。

以上より，シドニー大都市圏の，ひいてはオーストラリアにおけるフィリピン系移民の集住地としてブラックタウン市が占める地位はきわめて大きいとい

Ⅲ　シドニー大都市圏におけるアジア系移民の移住・集住・エスニック都市空間　45

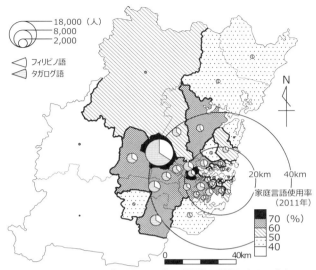

図3-4　フィリピノ語・タガログ語使用状況（2011年）
（2011年の国勢調査のデータより作成）
注：家庭言語使用率とは，「祖先がフィリピン人」人口に占める「フィリピノ語」または「タガログ語」話者の割合である。

える。

4 ブラックタウン市におけるエスニック都市空間の形成

（1）小地区でみたフィリピン系移民の集住傾向

　前節で述べた通り，ウェスタン・シドニー地域のブラックタウン市では1990年代からフィリピン系移民の集住が進んできた。その詳細を知るために，市を構成する39の小地区（Small Area）ごとに海外生まれ人口比とフィリピン生まれ人口の分布を図示したものが**図3-5**となる。

　ブラックタウン市の中心市街地は，シドニー市内のセントラル駅から西部郊外へとつながる鉄道 North Shore & Western Line のブラックタウン駅前周辺である。ブラックタウン駅を過ぎると，鉄道路線の一方は北部のリッチモンドへ，もう一方は西部のペンリスに向かっていく。ブラックタウン駅の南側には

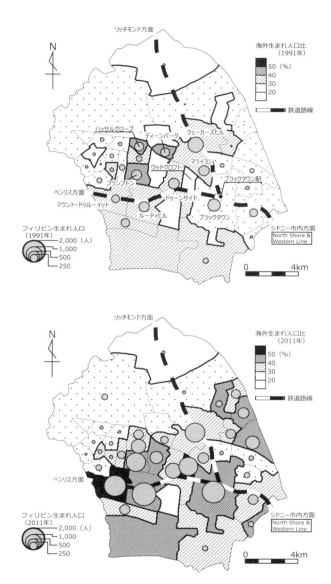

図 3-5　ブラックタウン市における「フィリピン生まれ」人口の分布とその変化
(.id consulting pty ltd のホームページ（http://home.id.com.au/）より作成)

写真 3-2　ブラックタウン駅前に可視化するエスニックな景観
(2012年9月（左下のみ2012年10月），阿部撮影)

シドニー大都市圏内の他の郊外駅前地区と似たような商業景観が広がり，各エスニック市場にターゲットをおくエスニック・ビジネス店舗がいくつも軒を連ねている（**写真 3-2**）。

1991年時点で海外生まれ人口比が高かったのは，2路線の間に挟まれた三角形の地区（ディーンパーク，ハッサルグローブ，プランプトン）である。一方で，フィリピン生まれ人口の集住がみられるのは，その3地区に加えてリッチモンドに向かう路線沿いのマライヨンやクェーカーズヒルであった。いずれにせよ，1991年にはブラックタウン地区から北西方向に向かってかれらの居住空間が展開されていたようである。

ところが2011年になるとその分布が大きく変化した。まず海外生まれ人口比が市内全域で高まっている。特に，20年前にはほとんどみられなかったリッチモンド方面の鉄道路線東側において海外生まれ人口比の高い地区が広がった。

また，ペンリスに向かう路線沿いでもその数値が高くなったり，割合の高い地区の空間的範囲が確実に拡大した。とりわけ，ブラックタウン地区に隣接する（とはいえ，ブラックタウン駅からは徒歩で1時間弱はかかる）ウッドクロフト地区は，1990年代に住宅開発が始まった比較的新しい良好な戸建て住宅地（**写真3-3**下段）であり，フィリピン生まれ人口（2011年で1,470人）のみならずインド生まれ人口（同569人）も近年急速に伸びている。また，ペンリス方面に向かう路線の市内最西端の駅が位置するマウント・ドゥルーイット地区（海外生まれ人口比52.1％）では，海外生まれ人口8,238人のうち1,906人をフィリピン生まれが占めており，かれらは出生地別で同地区最大の移民コミュニティとなっている（なお，2位はイラク生まれの700人である）。

2011年のフィリピン生まれ人口の分布に注目すると，1991年に比べてブラックタウン地区の人口がいっそう膨らんでいるだけでなく，海外生まれ人口比の空間的拡大傾向と類似して，市内東部からペンリス方面の路線沿いで人口の増加が読み取れる。ブラックタウン駅から順番に上述のウッドクロフト，ドゥーンサイド，ルーティヒルそしてマウント・ドゥルーイット地区では，2011年現在いずれもフィリピン生まれ人口がその地区の最大移民である。

このように，海外生まれ人口比の高まりとフィリピン生まれ人口の分布には一定の相互関係があることから，1990年代以降のブラックタウン市全体における移民エスニック空間の形成に，フィリピン系移民の果たしてきた役割の大きさが類推されるのである。

（2）「見えない景観」としてのエスニック都市空間

ブラックタウン市内においてフィリピン系移民によるエスニック都市空間は，いかに可視化されているのだろうか。ここでは，ブラックタウン駅前商店街と戸建て住宅地の景観を比較して分析を試みたい。

シドニー大都市圏郊外の中心駅前商店街では，おおむねどこでも地区在住の移民が同朋を相手に財やサービスを提供することを目的としたエスニック・ビジネスの店舗が集積している。ブラックタウン駅前では特定のエスニック・ビジネスが卓越するというよりも，アジア系（中国，ベトナム，インドなど）のスーパー・雑貨屋・レストランやムスリムのための衣料品店やハラールフード店，アフリカ系のヘアサロンといった具合に多様なエスニック・ビジネスが混

在している（**写真 3-2**）。駅前の商店街に特定移民のエスニック都市空間が優
勢にならない「ごちゃまぜ」の状況こそ，シドニー大都市圏郊外の中心市街地
にみられる一般的な景観といえるのかもしれない。

　こうした景観の一部として，ブラックタウン駅前にはフィリピン系移民によ
るエスニック・ビジネスを数店舗発見することができる。筆者によるフィール
ドワーク（2012 年 9 〜 10 月実施）では，**写真 3-2** 下段にみられる 2 軒のフィ
リピン・レストラン（テイクアウト可能）に加えて，バー（おそらくは情報セン
ターを兼務）が 1 軒，雑貨屋が 1 軒，旅行代理店が 1 軒それぞれ確認された。
しかしながら，商店街の全体的な店舗数に占めるその割合は決して大きい方で
はなく，フィリピン生まれ人口比がブラックタウン市の 2011 年総人口（299,895
人）の 6.4%（19,360 人）であり，出生地別の海外生まれ人口で 1 位の規模を
ほこっている（2 位はインド生まれの 15,050 人）ことを考慮すれば，この店舗
数はむしろ不釣り合いなほど少ないようにも思われる。

　一方で駅前地区から離れた戸建て住宅地の景観に目を移すと，エスニックな
要素はいっそう後景に退いてしまう。シドニー大都市圏の西部郊外に大規模に
広がる新規開発の戸建て住宅地は，ブラックタウン市に限らずどこもおおむね
前面に庭や駐車場，道路からセットバックして建てられた 1 〜 2 階建ての住居，
そしてバックヤードをもつ宅地が典型的なスタイルである。多くの外壁や屋根
がオレンジや白，ないし黒色であることも付け加えられる。対して，シドニー
市から半径 20 km 圏内には，19 〜 20 世紀初頭ヴィクトリア朝時代のパステル
カラーなテラスハウスが残る旧市街地や，かつてイタリア系やギリシア系が住
んでいた古い住居などのヨーロッパ風な戸建て住宅地が残存している。

　それに比べれば，ウェスタン・シドニー地域のような西部郊外に広がる一般
的な戸建て住宅地の景観はいかにも画一的で，一見するだけではフィリピン系
のみならずその他の多文化・多民族性を見出すことは難しいだろう。例えば，
フィリピン生まれ人口の多いウッドクロフトやルーティヒル，マウント・ドゥ
ルーイット地区等の戸建て住宅地では，物理的な意味での景観から移民の出自
を予想することがほとんどできない（**写真 3-3**）。しかしながら，住宅地をし
ばらく歩いてみれば，庭先で子どもを抱きかかえているサリーを着た女性の肌
色は褐色であり，住宅地内の公園で子どもを遊ばせている女性はヴェールを

写真 3-3　ブラックタウン市郊外住宅地における「見えない」エスニック景観
（上段左：ルーティヒル地区（2013 年 1 月），上段右：マウント・ドゥルーイット地区（2012 年 11 月），下段：ウッドクロフト地区（2012 年 9 月），阿部撮影）

まとい，庭先で車に荷物を積み込む家族はタガログ語で会話をしている姿に出くわすのである。

　こうした画一的かつ没エスニックなシドニー郊外における戸建て住宅地の景観は，おそらくは建売住宅の量産体制とその中古市場への流通によってもたらされている。そして，インナーシティから移り住んできた移民たちは，都心部では手に入らないような値段でこうした量産型の建売住宅を購入するのである。例えば，2011 年におけるブラックタウン市の平均的な戸建て住宅の購入価格帯（中央値）は 40 万豪ドル（≒約 3,600 万円）程度であるが，シドニー大都市圏全体ではそれが 60 万豪ドル（≒約 5,400 万円）となる[11]。ただし，この 5 年間で住宅価格は跳ね上がり，2016 年にはブラックタウン市でさえ 66 万豪ドル（≒約 6,000 万円），シドニー大都市圏にいたっては 95 万豪ドル（≒約 8,500 万円）となった。シドニー大都市圏に住む移民たちにとって，ウェスタン・シ

ドニー地域の建売住宅ですら，もはや気軽に購入できるような価格帯ではないのである。

以上のように，フィリピン系移民によるエスニック都市空間の形成に限ってみれば，ブラックタウン市のようなウェスタン・シドニー地域の画一的戸建て住宅地ではエスニックな景観はそもそも目に見えるようなものではなく，他方で中心駅前の商店街においてもさほど顕在化していないという特徴が指摘できた。こうした現象の要因がどこにあるかまでは本章の範疇を超えているが，母国語以外に英語を比較的流暢に話せるというフィリピン系移民の人的資本の高さが，ことさらにエスニックな景観の顕在化を妨げているという可能性は否定できない。この点はさらなる研究の積み重ねが必要であろう。

5 おわりに

本章では，第1にオーストラリアにおけるフィリピン系移民の移住形態の特徴と，ニュー・サウス・ウェールズ州シドニー大都市圏における集住の様相を明らかにした。また，西部郊外に位置するウェスタン・シドニー地域のブラックタウン市を例にしながら，フィリピン系移民のエスニック都市空間の形成を探り，その人口規模に比してエスニックな景観が顕在化していないという実態を指摘することもできた。最後に，こうした知見をオーストラリアにおけるもう1つの大都市圏であるメルボルンと比較することで，本章の締めくくりとしたい。

ヴィクトリア州の州都にして大都市圏人口約400万人（2011年）のメルボルンは，しばしばシドニーと比肩して論じられうる存在である。一方で両者のもつ街としての性格の違いを，堤（2010b）のように，アジア化への傾倒著しいシドニーとヨーロッパ的な雰囲気を残すメルボルンとの差異に求める論者もいる。ことフィリピン系移民に限ってみれば，両大都市圏の地域差はかなり大きいように感じられる。メルボルンの場合，シドニーと同様にCBDから半径20〜40km圏に位置し，フィリピン生まれ人口規模の大きい西部や南東部郊外の自治体の中心駅前においてさえ，かれらの存在を容易に認知できるようなエスニック・ビジネスの存在をほとんど確認することができない[12]。もちろん，

戸建て住宅地においても同様である。

　確かに，メルボルン大都市圏におけるフィリピン生まれ人口の規模はシドニーのそれと比べても半分程度であり，かつブラックタウン市ほどの極端な人口をもった集住地が存在しない。すなわち，シドニーと比較するとやや分散的な居住の様相なのである。こうした地域差とその要因については別稿にゆだねたいが，同一の出生地をもった移民を切り取ってみても，大都市圏構造や受入れ様態の違いに由来して，その移住と集住，エスニック都市空間の形成に地域差が生まれてくるのは非常に興味深い事例ではないだろうか。　　　　（阿部亮吾）

注

1　フィリピンから日本に向けて移住する人々の大半は，日本人男性と婚姻関係にある女性あるいはその子ども（ビザは「日本人の配偶者等」に該当）であると思われる。これは，1980年代以降に「興行ビザ」を携え，フィリピン・パブで働くフィリピン人女性エンターテイナーが急増したこと（阿部，2011），そしてそのようなパブが日本人男性との出会いの場になったこととも決して無関係ではない。一方で，移民の受入れを公式に認めていない日本の入国管理行政では，いわゆる「単純労働」による就労を目的とした移住自体が難しく，日本人男性との結婚を通じた移住がある意味日本永住にとって最も近道となりうることも影響している。

2　本章では大陸ヨーロッパ系やアジア系移民に注視するため，オーストラリアの旧宗主国であってひときわ人口規模の大きいイギリス（やアイルランド）生まれのいわゆる「アングロケルト」系に加えて，ニュージーランドや南アフリカ生まれ人口も外して行論している。

3　Satake（2002）も，1990年代半ばのオーストラリアにおいて，フィリピン系移民の家族単位での移住や家族呼び寄せが多い点を指摘している。

4　1980年代の有名な反多文化主義論争には，1984年にメルボルン大学の歴史学者ジェフリー・ブレイニー教授が発端になったものと，のちにオーストラリア首相となる政治家ジョン・ハワードが1988年に起こしたものがあり，いずれもアジア系移民の流入規制を主張した論争である（関根，2004）。

5　フィリピンは7,000以上の島々を抱える島嶼国家であり，それとともに100以上の言語が存在する多言語国家であるともいわれている。その中で，タガログ語はマニラを中心としたルソン島中南部で広く使われている言語であり，フィリピノ語は多言語国家に対応するためにそのタガログ語をベースに構築されたフィリピンの国語である（大上，2002）。なお英語もフィリピンの公用語であり，行政用語や高等教育用語として重要な地位を保っている。

6　シドニー市を含む43自治体（2011年）で構成される「シドニー大都市圏」の空間的範囲は，統計上の大都市圏（GCCSA）とは若干異なっている。詳細はAustralian Bureau of Statistics ホームページ（http://www.abs.gov.au/）で提供されている2011年の国勢調

査の「Data Quality (Statistical Geography Fact Sheet)」の項を参照されたい（2017年5月3日最終閲覧）。本章で「シドニー大都市圏」という場合，基本的には上記43自治体の集合体としての大都市圏を指しており，2011年の国勢調査でGCCSAに言及するときに限り「（統計上の）大都市圏」と明記した。なお，ニュー・サウス・ウェールズ州では2016年中に自治体の統廃合が進められ，シドニー大都市圏の自治体も以下の通り大規模に再編された（ニュー・サウス・ウェールズ州政府 Stronger Councils: Stronger Communities（https://www.strongercouncils.nsw.gov.au/）（2017年5月8日最終閲覧）を参照。同ホームページによると，さらなる自治体の統廃合が構想されているようである）。
①ベイサイド市（ボタニー・ベイとロックデールの合併）
②カンタベリー－バンクスタウン市（カンタベリーとバンクスタウンの合併）
③セントラルコースト市（ゴスフォードとワイオング・シャイアの合併）
④パラマッタ市（パラマッタ，ヒルズ・シャイア，オーバーン，ホロイド，ホーンズビー・シャイアのそれぞれの一部ずつで再編）
⑤カンバーランド市（パラマッタ，オーバーン，ホロイドのそれぞれ一部ずつで新設）
⑥ジョージ・リバー市（ハーストヴィルとコガラの合併）
⑦インナーウェスト市（アッシュフィールド，ライカート，マリックヴィルの合併）
⑧ノーザン・ビーチ市（マンリー，ピットウォーター，ワリンガの合併）

7　2017年5月現在，自治体としてのオーバーン市はすでに廃止されている。前掲注6を参照。

8　シドニー大都市圏はシドニー市がいわゆる都心部（CBD）であり，シドニー市からおおむね半径20 km圏内が「インナーサバーブ」，半径20〜40 km圏が「アウターサバーブ」と区別されている。さらに，インナーサバーブはCBD〜ボンダイビーチを含む太平洋岸までの「イースタンサバーブ」，ハーバーブリッジを渡って北部の副都心である「ノース」，そしてシドニー市から西部に向かう「インナーウェスト」に大別されている。ノースには日系企業の日本人駐在員を含むミドルクラスの移民が定住しており，社会階層が一般的には高い。一方で，インナーウェストから西のアウターサバーブであるウェスタン・シドニー地域には，比較的社会階層の低い移民や難民が帯状に居住する傾向にある。これは，シドニー市の中央駅であるセントラル・ステーションから西部郊外に向かって放射状に鉄道が敷設され，同時に都市空間が内陸部へと拡大していったというシドニーの歴史的発展過程によっている。

9　例えば，筆者が2013年1月18日に行った聞き取り調査のインフォーマントは，フィリピンから1991年に妻や3人の息子と到着して，最初にインナーウェスト地域のカンタベリー市（現，カンタベリー・バンクスタウン市）のキャンプシー地区で7年暮らしたのち，1998年にブラックタウン市マウント・ドゥルーイット地区に家を購入して引っ越したと語っている。その当時で住宅購入価格は16万豪ドル程度だったという。

10　前掲注9と同一人物に対して2017年4月1日に行った筆者の聞き取り調査による。

11　.id consulting pty ltdのホームページ（http://home.id.com.au/）（2017年5月8日最終閲覧）を参照。

12　2016年9月と2017年3月に行った筆者のフィールドワークによる。

■■■ Column ② 　　　　　　　　　　　　　　　　　　松井圭介
アウトバックツーリズムと都市住民 ■■■

　アウトバック（Outback）とは，正確な定義があるわけではないが，比較的都市が集中するオーストラリア大陸南東部，およそアデレードからブリスベンを結んだ線よりも北西側を指す言葉である。内陸で，乾燥の激しく，極端に人口密度が少ない所というイメージである。そのアウトバックの中央に，オーストラリア随一の観光名所となっているウルルがある。ウルルはノーザンテリトリーにあるウルル-カタ・ジュタ国立公園内に位置する。世界最大級の大きさをもつ一枚岩として知られ，イギリスの探検家によって命名されたエアーズロック（Ayer's Rock）の名称でも知られる。比高 335 m（標高 863 m），周囲 9.4 km に及ぶ巨大な岩石は，この地に住まうオーストラリア先住民（アボリジニ）であるアナング族の人々にとって，食料や水を得るための重要な生活の場であるとともに，聖地として崇拝の対象とされてきた。

ウルルに登る登山客
（2005 年 4 月，堤撮影）

Column ② アウトバックツーリズムと都市住民　55

ウルル-カタ・ジュタ国立公園は1987年にユネスコの世界自然遺産に登録された後，ウルルにおけるアボリジニ文化的側面の評価により，世界文化遺産への追加登録がなされた（1994年）。

　世界複合遺産であるウルルは同時にオーストラリア内外から多くの観光客を集める一大観光地でもある。ウルルへの観光移動におけるオーストラリア国内発着地をみると，移動交通手段は航空機のみの利用が46%とほぼ過半を占め，以下バス，航空機と乗用車，乗用車のみの利用の順である。発着時別では，シドニー経由が53%と卓越し，以下メルボルン，ブリスベン，ケアンズの順であり，これらの諸都市がウルルへのゲートウェイであることがわかる。

　オーストラリアにおける国内観光客と国際観光客における人気観光地を比較すると，オーストラリア人による観光の訪問地は，ニュー・サウス・ウェールズ州やヴィクトリア州の主要都市近郊およびハンターバレーやグレートオーシャンロードなどの主要都市に近接した観光地に人気が高い。これに対し国際観光客は，主要都市のほかにウルルやカカドゥ，グレートバリアリーフ

ウルル登山について説明するガイド
（2014年9月，松井撮影）

などの自然資源を主体とする国立公園に集中している（菊地・有馬，2010）。このことからオーストラリアに対する国際観光客のまなざしは，都市景観とともにオーストラリアの雄大な自然に向けられていることがわかる。国際観光客におけるオーストラリアの人気観光地として，ウルルは7位，アリススプリングスも10位にランクされているのに対し，オーストラリア人におけるそれでは，両地域とも上位20位に入っていない。ウルルをはじめとするアウトバック地域は外国人観光客にとって人気の観光地であり，その要因としてアウトバック地域の自然・風土や景観が外国人にとって「オーストラリアらしさ」を表象するものとなっていることが推察される。温帯湿潤な気候帯に生活する日本人にとって，アウトバックの風土はオーストラリアの広大さと自然・歴史の魅力を感じさせる場所である。日本の観光情報誌ではしばしば，一枚岩であるウルルの自然景観の特徴とアボリジニの聖地としての価値が観光地の魅力として表現されている。実際にウルル–カタ・ジュタ国立公園では，ウルルとカタ・ジュタの特異な自然景観とアボリジニの聖地としての文化的価値を目的とする日本人観光客も多くみられる。

　乾燥地域の厳しい自然条件の中，年間20万人を超えるツーリストが訪れるため，水資源や自然環境，文化財を守るためにツーリストの入境や公園内での行動の管理が重要である。宿泊施設や商業施設は，ウルルから約20 km，カタ・ジュタから約40 km離れたエアーズロック（ユララ）・リゾート（1984年開設）に，まとめて立地させている。これは砂漠の中に建設された一大リゾート施設であり，6つの宿泊施設があり約5,000人が滞在可能である。砂漠の中に威容を誇るウルルは，先住民の聖地であるとともにオーストラリアの原風景であり「オーストラリアらしさ」を体感できる場所として消費されているといえよう。

IV　メルボルン大都市圏の構造変容

1　メルボルン大都市圏の拡大

　人口449万人を擁し，オーストラリア第2の都市であるメルボルンの歴史は，イギリスによるニュー・サウス・ウェールズ植民地の領有宣言から47年遅れた1835年に最初のヨーロッパ人が上陸したことに始まる。開拓当初は郊外農村において小麦栽培や牧羊が行われ，メルボルンはそれら農産物の集散地として，またヨーロッパへの積み出し基地として栄えた。メルボルンの性格を変えたのは，1851年に有力な金鉱脈がメルボルンの近郊で発見されたことである。これを契機にメルボルンは大きく発展していった。まさに，一攫千金で大きな財をなした者も多く，彼らは競うようにメルボルンの都心部に彫刻を施した重厚なファサードをもつ建物を作り出した。これらの建物は現在のメルボルンでもよく保存されている。その後もメルボルンは，イギリス・アイルランドを中心とするヨーロッパ系の移民の主な上陸拠点となり，1901年にオーストラリア全土が連邦国家を樹立する頃にはシドニーと首都争奪戦を繰り広げるほどの都市へ成長した。

　今日のシドニーには世界都市としてオセアニア地域の金融センターとして多くの外国金融機関や多国籍企業の本社が集積する一方，メルボルンは金融以外の分野，すなわち文化，芸術，教育，新興産業（コンピュータ関連，不動産投資等）などが集積している（Tsutsumi and O'Connor, 2006）。今日，「オーストラリアの代表的な都市は？」と聞かれたら，大半の人がシドニーと答えるだ

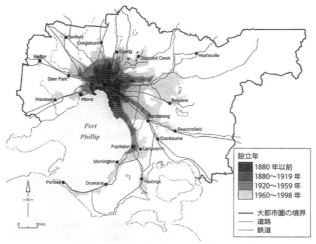

図 4-1 メルボルン大都市圏の発達過程
『Heinemann Atlas Third Edition』(Reed International Books Australia Pty Ltd, 2000, p. 91) および『東南アジア・オセアニア』(菊地俊夫・小田宏信編, 朝倉書店, 2014, p. 131) より引用

ろうが, 現実にはオーストラリアを代表する世界的イベントの多くはシドニーではなくメルボルンで開催されている。南半球初のメルボルン夏季オリンピック (1956年), テニスの全豪オープン, F1グランプリ, 競馬のメルボルンカップ等々である。このように, シドニーとメルボルンは, 良きライバルとして, 常に互いの存在を意識しながらオーストラリアの成長を牽引してきたといえるだろう。

メルボルンの外延的拡大を示した図 4-1 によれば, 1880年以前の市街地は, 都心から半径10 km程度の狭い範囲と, ポートフィリップ湾沿いのフランクストン (Frankston) の周辺に限られていた。その後, 1919年にかけて拡大した範囲は, 主要な道路と鉄道に沿って放射状に展開した。特に都心から南東方向に約40 km離れたフランクストン方面にかけての沿岸部の開発が時期的にも早く, 距離的に遠くまで及んでいた。シドニーと同様にメルボルンにおいても1960年以降の市街地の拡大は著しい。大都市圏全体でみれば, 都心の西部よりも南東方向へ大きく拡大した。都心の北東約50 kmに位置するヒールズビル (Healesville) の辺りを流れるヤラ川は, メルボルンの大都市圏の東側を

大きく蛇行しながら流れ，流域には豊かな森が広がる．ヒールズビルはグレートディヴァイディング山脈の中にあり，ユーカリの豊かな森には，有袋類の研究を目的とする動植物保護区が設定されている．また，1960年代以降に都市化が及んだ都心の東南東約35 kmのベルグレイヴ（Belgrave）や都心の南東約45 kmのビーコンズフィールド（Beaconsfield）なども森やブドウ畑などの豊かな緑に囲まれた住宅地として人気が高い．これらの地区からメルボルンの都心部へ通勤する場合，片道1時間半以上かかるが，都市近郊の豊かな森はメルボルン市民から親しまれている．

2　メルボルン大都市圏の拡大と多民族化の進展――郊外開発とモータリゼーション――

　メルボルンは，イギリスの植民地時代から移民の上陸拠点となってきた都市であり，ヨーロッパ各国からの移民が持ち込んだ多様な文化が共存する特徴がある（**写真4-1**，**写真4-2**）．シドニーと同様に，テーブルビルダーを用いて家庭で使用する言語に着目すると，メルボルンにおいても，2011年のメルボ

写真4-1　メルボルン都心部における高層ビル
（2007年8月，堤撮影）

写真4-2　メルボルン都心周辺部における再開発地区（サウスバンク）
(2007年8月，堤撮影)

ルン大都市圏の人口の約66％は，仕事でも家庭でも英語のみしか話さない。一方，家庭で話される英語以外の言語をみると，最も多いのはギリシア語（同2.84％）次いで僅差でイタリア語（同2.82％），標準中国語（同2.5％），ベトナム語（同2.1％）の順となっている。メルボルンに多い移民の出身国は，南欧系もアジア系もともに多い特徴がみてとれる。前節で述べたように，19世紀半ばにみられたゴールドラッシュの時代には，オーストラリアの玄関口（ゲートウェイ都市）はメルボルンであったため，一攫千金を夢見た移民がメルボルンに上陸した。メルボルンは，シドニーのほか他の大都市と比べても製造業の集積も多い傾向にあることから，20世紀に入ってからも多くの移民を惹き付けてきた。序論でもふれた通り，1960年代のオーストラリアが経験した深刻な人手不足の際にギリシア，イタリア，旧ユーゴスラビアなどからの移民を多く受け入れた。当時に移民として入ってきた1世の多くがメルボルン大都市圏内に暮らしている。彼ら移民の世代はすでに2世や3世になっているものの，家族同士の会話ではギリシア語やイタリア語など，移民1世の母国語が用いられていることは一般的にみられる。

　また，鉄道網の発達もメルボルンの特徴の1つである。19世紀半ばの開拓

Ⅳ　メルボルン大都市圏の構造変容　61

写真 4-3　メルボルン郊外の専用軌道を走るトラム
（2005 年 4 月，堤撮影）

　当初から鉄道輸送が発達し，さらに移民の定住化が進むにつれて，郊外の住宅地へと網の目のようにトラム路線が張り巡らされた。メルボルンのトラム網は1906年の開通当初から，都心と10〜15 km 郊外とを結ぶ複数の路線が走っており，これは当時からすでに現代のLRT（ライトレール・トランジット）的な発想があったという点で特筆すべきである（Tsutsumi and O'Connor, 2011）。メルボルンよりも人口規模や経済規模の大きいシドニーでは，都市発展に伴ってトラム網は姿を消したが，メルボルンではほとんどのトラム路線が今なお残っている（**写真4-3**）。都心部の移動手段が路面電車である状況も，メルボルンの都市景観にヨーロッパ的な要素を大いに感じさせることに貢献しているといえるだろう。

　次に，大都市圏の拡大とモータリゼーションの関係をみてみる。メルボルン大都市圏において最大の雇用をもつメルボルン都心（Melbourne (C)-Inner）SLAへの通勤者の53.2%が公共交通機関を利用しており，自家用車で都心へ通勤する者は全就業者の29.7%である（2001年）。この状況は，2006年の国勢調査においてもほぼ同様であり，メルボルン都心への通勤者の約50%は公共交通機関を利用している（ABS, 2008）。このように，統計数値をみる限り，

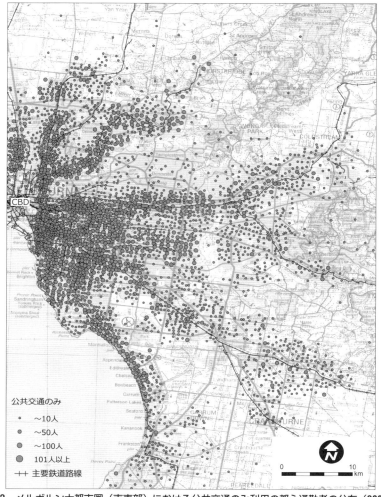

図 4-2 メルボルン大都市圏(南東部)における公共交通のみ利用の都心通勤者の分布(2006年)
(オーストラリア統計局のデータをもとに作成)

　メルボルンは公共交通優位の都市である。そこで，都心通勤者を対象として，より詳細に利用交通手段別の通勤流動を地図化してみた(図 4-2，図 4-3)。
　都心通勤者のうち，公共交通機関のみの利用者の分布を示した図 4-2 によれば，都心(CBD)から郊外に放射状に伸びる主要鉄道路線に沿って，30 km

Ⅳ　メルボルン大都市圏の構造変容　63

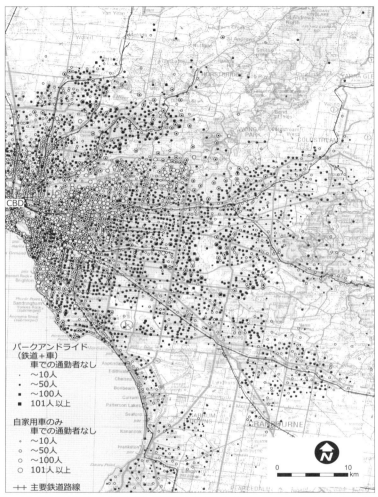

図 4-3　メルボルン大都市圏（南東部）における自家用車利用による都心通勤者の分布（2006 年）
（オーストラリア統計局のデータをもとに作成）

あるいはそれ以遠からの通勤者の存在が顕著に確認できる．都心の各駅への所要時間は，約 30 km 郊外で約 1 時間である．鉄道路線から数 km 離れた郊外では，公共交通機関のみでの通勤者はまれである．一方，自家用車および，自家用車と公共交通機関を組み合わせたパークアンドライドの利用者の分布を

示した**図4-3**によれば，自家用車利用者の集中域（CBDから10〜15km圏内）の外側で，かつ**図4-2**で公共交通機関のみの利用者があまりみられなかった鉄道路線と路線の中間地点に広く分布する様子がみてとれる。

　大都市圏内の高所得者の分布を考慮すると，利用交通手段別の通勤流動は，大都市圏内の社会属性に強く規定されている様子がみてとれる。週給2,000豪ドル以上の世帯（全世帯の20.7％）は，北東から南東にかけての15km圏内に集中している。さらに，豊かな森林が続く東部の丘陵地や，眺望の良い南東部の海岸地区では都心から20kmを超えた地区も好まれる傾向にある。高所得者の分布は，大学卒業以上の高学歴世帯および企業の管理職に就いている世帯の分布ともほぼ一致する。これらの地区にも，近年ではアジア諸国の出身者が急増している（堤・オコナー，2008）。自宅では英語以外の母国語を話すものの，高学歴で企業の管理職に就く海外生まれの高所得者も珍しくない。

③ 地域構造の変化と多文化社会

　前節でみてきたように，徒歩またはトラム等の公共交通機関による移動が中心だった1960年頃までと，急速に進展したモータリゼーションによって著しい郊外化がみられた1960年代以降とを比べると，オーストラリアの大都市圏は性格が一変したといえる。

　新たに拓かれた郊外には大規模な工場や倉庫が相次いで進出し，また，道路網も多く整備された。オーストラリア経済の拡大に伴い労働力不足が深刻化し，期を一にして海外(特にアジア諸国)からの移民が急増した。モータリゼーションにより外延的に拡大した郊外は，公共交通体系の観点からみれば相対的に条件の悪い地区であったが，職住近接で割安感のある新たな郊外住宅地は，多様な国々からの移民の受け皿となっていった。Ⅰ章の冒頭で述べたように，1969年からの40年余りで約1.8倍に，また，1989年からのわずか20年余りで500万人も増えた人口の多くは大都市圏の郊外に居住したことにより，大都市圏の構造が大きく変容したといえる。

4 メルボルンのエスニック・タウン

　メルボルン大都市圏において特徴的な分布を示すギリシア系，インド系，ベトナム系およびユダヤ系の分布を取り上げて地図化したものが**図 4-4** である。[1]CBD の近くのリッチモンド（Richmond）に目立つエスニックグループはベトナム系であるが，数はそれほど多いとはいえない。CBD から南東方向に 5 ～ 15 km ぐらいに相当するコーフィールド（Caufield）地区にユダヤ系のグループの集住地区が確認できる。一般に，ユダヤ系の移民は移住先で事業に成功した高所得者というステレオタイプなイメージを抱かれる傾向にあるが，メルボルンのユダヤ系移民は決してそうではない。CBD から 10 km 程度という距離は，約 100 年前から存在するトラム網の各路線の終点に位置する場所である。モータリゼーションが進行する以前の 1950 年代頃までは CBD から 10 km 程度のコーフィールド周辺が「市街地の端」に相当する場所であり，軽工業を中心とした工場が集積していた地区であった。工場の近くに住居を見つけたユダヤ系移民の有志が，ユダヤ教の教会シナゴークをコーフィールドに建設したことを契機に，シナゴークの周りにはユダヤ系移民の集住地区が出来上がった。

　さらに，メルボルンはリトルアテネと呼ばれるほどギリシア系の移民が多い特徴がある。ギリシア系は CBD 周辺から 20 km 圏内を中心に広く分布しており，特に，南東の郊外 15 ～ 20 km 圏内に位置するオークレイ地区での分布密度が高い。20 km 圏に相当するクレイトン（Clayton）にはインド系が，そして最も外側のスプリングヴェイル（Springvale）周辺にベトナム系がまとまって分布している。**図 4-4** とメルボルン大都市圏における高所得者の分布を示した**図 4-5** を対比してみると，ここで取り上げた代表的な 4 つのエスニックコミュニティの分布域はあまり重ならず，それぞれ住み分けている様子がみてとれる。また，こうしたエスニックコミュニティの分布は，基本的には高所得者の多くない（つまり低所得者の多い）地区に分布する傾向にあることが明瞭にみてとれる。

　ベトナム系のコミュニティは，オーストラリアに限らず北米大陸にも多く存在するが，世界各国のベトナム人コミュニティは他のエスニックグループに比

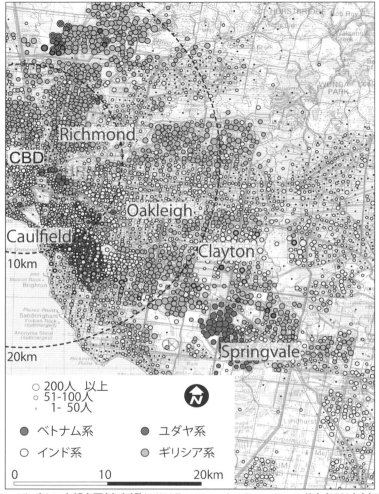

図4-4 メルボルン大都市圏（南東部）におけるエスニックコミュニティの分布（2006年）（口絵6）
（オーストラリア統計局のデータをもとに作成）

べて集住する傾向が強く，その最大の理由はベトナム系移民の1世代目は，一般的に英語が苦手なケースが多いことが指摘されている（山下編，2008）。メルボルン大都市圏においても，こうした一般的な傾向は同様に確認できる。

Ⅳ　メルボルン大都市圏の構造変容　67

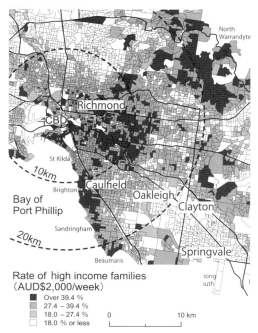

図 4-5　メルボルン大都市圏（南東部）における高所得者の分布（2006 年）
（オーストラリア統計局のデータをもとに作成）

　メルボルン大都市圏におけるベトナム系コミュニティの分布と「英語の流暢さ」をクロスさせて示したものが**図 4-6** である。この図によれば，大きく3つのベトナム系コミュニティ（CBD 近くのリッチモンド，CBD の南東約 30 km のスプリングヴェイル，CBD の西約 10 km のフッツクレイ（Footscray））が確認できる。この図から読み取れる重要な点として，「ベトナム系移民は英語が得意ではない」というステレオタイプなイメージは通用しないことが挙げられる。「英語が流暢でない」ベトナム系コミュニティは，確かに絶対的な数は多いといえるが，それ以上に，英語には不自由しないベトナム系移民の数の方が多い点が注目に値する。オーストラリアの大都市圏において 1970 年代中盤以降に急増したベトナム系移民は，30 年以上が経過した今日では 2 世代目，3 世代目へと代替わりをしており，これらの若い年齢の世代はオーストラリア生まれで教育も英語で受けてきたために，言語上の障壁はほとんどないと考えられる。

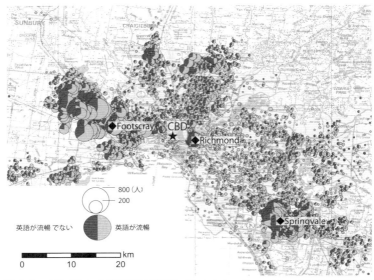

図 4-6 メルボルン大都市圏におけるベトナム人コミュニティの分布（2006 年）
（オーストラリア統計局のデータをもとに作成）

移民の第 1 世代や第 2 世代にとってエスニックコミュニティが彼らのアイデンティティ形成にとって重要な役割を果たすことを指摘する既存文献は多いが，すでに 3 世代目が主流になりつつあるメルボルン大都市圏のベトナム人コミュニティにとって，集住することがどのような意味をもつのかについての詳細な調査は学術的に意義が高いと考えられる。さらに，メルボルン大都市圏内のベトナム人コミュニティの中でも CBD に最も近いリッチモンドでは，「英語が流暢でない」ベトナム系移民の割合が高いことが読み取れ，一方でフッツクレイでは，「英語が流暢である」とするベトナム系移民の方が多数である。このことから，移民後まもないベトナム系移民は，まずは CBD 近くのリッチモンドの親戚や知人の所に身を寄せ，徐々にフッツクレイやスプリングヴェイルの周辺に移っていくというチェーン・マイグレーション[2]の移動パターンが推察される。

5 まとめ

　本章で考察してきたメルボルン大都市圏の構造変容には，シドニーと同様に年増加率2%以上という人口増加率とそれに大きく寄与する移民の増加が大きく関係している。メルボルンが中心地であった19世紀半ばのゴールドラッシュ時代に端を発し，その後今日まで，多くの移民がメルボルンから上陸した。製造業の集積も比較的多いという好条件が奏功し，メルボルンには今も昔も多くの移民が集まっている。メルボルンはイギリス・アイルランド系の移民をベースに，1960年代に多く移住してきたギリシアやイタリアからの移民，そして1970年代後半に急増したベトナムなどのインドシナ系の移民，そして2000年以降では標準中国語を話す中国大陸からの移民がすべて共存している多文化共生都市がメルボルンの大きな特徴である。　　　　　　　　　　　　　　（堤　　純）

注
 1　各エスニックグループは，ユダヤ系はユダヤ教の信仰者，ギリシア系はギリシア正教の信仰者，インド系はヒンドゥ教の信仰者のデータに基づいて抽出した。また，ベトナム系については，家庭でベトナム語を話す人の数を把握することにより抽出した。
 2　チェーン・マイグレーションにはいくつかの意味がある。一般的には，移民しようとする者が，すでに先に移民となった同郷出身者を頼って（部屋に間借りするなどして）行き先を選定する傾向が強いため，まるで鎖で引き寄せられるかのように同郷出身者が次々と集まる様子を指す。また広義では，移民が渡航先で生活基盤を立ち上げた後で家族を呼び寄せる場合にも用いられる。

■ ■ ■ **Column ③**　　　　　　　　　　　　　　　　　　　堤　純

ダンデノン丘陵の森と親しむ　■ ■ ■
メルボルン市民

　オーストラリア大陸の東海岸に沿って，北はクイーンズランド北部のヨーク半島から南のヴィクトリアにかけて，「オーストラリアの背骨」に当たるグレートディヴァイディング山脈が約 3,000 km にわたって連なっている。この山脈の南西端は，一般的にはメルボルンの北東～南東の丘陵地帯であるエルタム（Eltham）～ワランダイト（Warrandyte）～ベルグレイヴ（Belgrave）を結ぶ線の辺りだといわれている。また，地質的には，グレートディヴァイディング山脈と同じ山脈の一部だったと思われる山塊がメルボルンの西側，奇岩を連ねた景勝地として有名なグランピアンズ（Grampians）の辺りまで連なっている。

　大陸の約 3 分の 2 が荒涼とした砂漠であるオーストラリアでは，豊かな森と土壌は，ヨーロッパから移住した開拓移民達の目にもいち早くとまり，森とともに暮らす生活様式が根付いていった。メルボルンの都心の西北西約 50 km に位置するバッカス・マーシュ（Bacchus Marsh）の一帯は，今日ではメルボルンへの野菜供給基地として機能するほか，週末にはドライブのついでに道端に並ぶ野菜や果物の露店に立ち寄る観光客で賑わう。また，メルボルンの東約 35 km に位置するダンデノン丘陵は，車で約 1 時間程度の距離にあり，天気の良いときにはメルボルンからその山並みをみることができる。ここでは，「ヨーロッパの模倣」を作り出すべく，ユーカリの原生林の中に樫，楡，ポプラなどの落葉樹が植樹された。それらの植生はその後の年月の中で原植生と併存し，現在の豊富な樹種の森を形成していった。左の写真は，メルボルンの南東約 45 km に位置するビーコンズフィールドの日曜市の様子である。近郊の農家が地元で収穫した新鮮な野菜をファーマーズマーケットで販売したり，その傍らで，古着や日用品，手芸・工芸品などが所狭しと並ぶフリーマーケットが開催され，メルボルン市民の週末の憩いの場となっている。また，今日では森林や景観の保護に配慮がなされ，落ち

Column ③ ダンデノン丘陵の森と親しむメルボルン市民　71

自家製野菜の販売などでにぎわう日曜市
野菜のほか，卵や果物，自家製のジャムなどが並ぶ。

森の中での餌付けを楽しむメルボルン市民
森の中に開設された散策路で，野性の鳥に餌を与える観光客の風景である。散策路の近くには観光客が自由に使えるバーベキュー用のコンロとベンチなども置かれており，飲食料品を持ち寄って家族や友人らとともにバーベキューを楽しむ様子があちこちでみられる。

着いた雰囲気の美術館やカフェが散在し，郊外の散策地としてメルボルン市民の人気が高い。メルボルン大都市圏に暮らしながら，森を慈しみ文化をこよなく愛するといった価値観を共有するうえで中心的な役割を果たすのは，郊外に暮らす中産階級である。サバービアという言葉だけをとらえれば，画一的で個性のないというネガティブなとらえ方もある一方で，メルボルンの暮らしにアクセントを付け足している担い手こそが，ミドルクラス・サバービアであるといっても過言ではないだろう。

Ⅴ メルボルンにおけるグローバリゼーションとコンドミニアム・ブーム

1 留学生の急増とグローバリゼーション

　メルボルンはオーストラリア・ヴィクトリア州の州都であり，2016 年の国勢調査によれば大都市圏人口は 449 万人を数える[1]。1990 年代以降に活発化したグローバリゼーションに伴う金融関連オフィスの新規立地や海外からの不動産投資については，メルボルンではシドニーに次いで国内 2 位の集積がみられた（Hajdu, 1994；O'Connor et al., 2002）。また，メルボルンでは不動産業やコンピュータ・サービス関連業，医師や教育関係をはじめとする従業者年齢の比較的若い産業の成長率が高い傾向も指摘されている[2]。1990 年代を通してメルボルンは人口，雇用，事業所数いずれの指標をとっても著しい増加傾向を示した。メルボルンにおける近年の特徴としては，1990 年代初頭以降の十余年間に高層住宅に代表される居住機能が大幅に増加したことが挙げられる。また同時期に，大学への留学生の急増も顕著な傾向として挙げられる（Tsutsumi, 2005）。1980 年代後半以降，オーストラリア連邦政府は，国内の大学への留学生に対して入国ビザの規制を緩和したり，卒業後の滞在期間の延長がしやすいシステムを導入するなど，積極的な留学生受入政策を展開した[3]。その結果，オーストラリアの主要な大都市では留学生が増加する結果となった。とりわけ，メルボルンでは本章の主たる対象期間とした 1991 ～ 2001 年の 10 年間に留学生が倍増した。

　メルボルンの大学についてみると，留学生数の多いメルボルン工科大学

V　メルボルンにおけるグローバリゼーションとコンドミニアム・ブーム　73

表5-1　オーストラリアの大学定員に占める留学生数（上位10位）（2003年）

順位	大学	所在地	留学生数 （人）	留学生の 構成比(%)	全学生数 （人）
1	モナシュ大学	メルボルン	12,123	22.6	53,610
2	メルボルン工科大学	メルボルン	10,239	26.8	38,200
3	カーティン工科大学	パース	9,077	25.5	35,656
4	ニュー・サウス・ウェールズ大学	シドニー	7,625	18.2	42,002
5	メルボルン大学	メルボルン	7,619	18.7	40,759
6	シドニー大学	シドニー	7,151	15.6	45,857
7	セントラルクイーンズランド大学	ブリスベンほか	6,810	31.9	21,352
8	サウスオーストラリア大学	アデレード	6,449	20.5	31,528
9	ウェスタンオーストラリア大学	シドニー	5,284	14.4	36,668
10	マックォーリー大学	シドニー	5,257	18.1	29,028

(O'Connor（2004b）をもとに作成)

　（RMIT）とメルボルン大学の2大学がCBDに近接して立地しており，大学が郊外の小都市に立地する傾向の強い北米やヨーロッパの「大学都市」とは異なる特徴を示す[4]。また北米やヨーロッパの著名な大学は多くの留学生を受け入れているが，大学の定員に占める割合は多くても5%前後である。一方，オーストラリアの大学では全定員に占める留学生の割合は，12,123人と最大の留学生数を抱えるモナシュ大学では定員比で約23%[5]，次いで10,239人の留学生がいるメルボルン工科大学は定員比で約27%，メルボルン大学でも定員比で19%に上る（**表5-1**）。シドニーをはじめオーストラリアの他の大都市に立地する大学への留学生も一様に多いが，大都市圏単位でみればメルボルン大都市圏が留学生の最大の目的地になっている。メルボルンによる調査によれば，留学生の増加は近年も一貫して続いており，2005年にはオーストラリア全体の留学生の約28%に相当する69,700人がヴィクトリア州の大学に所属しており，このうち48,600人はメルボルン大都市圏内の大学に通学している[6]。これらのことから，留学生の急増はオーストラリアの大学に大きな影響を与えていると考えられる。オーストラリアの都市部でも都心空洞化の問題は1980年代を中心

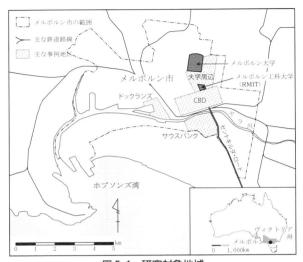

図 5-1 研究対象地域
(VicMap ヴィクトリア州地形図をもとに作成)

に議論された経緯があるが，メルボルンでは，一時は減少傾向にあった CBD の小売・飲食機能が，留学生の増加に呼応して近年では再び増加に転じた (Brown-May, 2005)。留学生の増加自体は世界的に珍しいことではないが，学生の急増と都市のもつ国際性や異文化性，多様性などが色濃く反映される点がメルボルンの大きな特徴である。

こうした諸点をふまえ，本章ではメルボルンを対象として，1990年代初頭以降にみられた留学生の急増が，市内の高層住宅開発や雇用などに与えた影響を考察することを目的とする。特に，オーストラリアの大学や大学院に進学する留学生の急増に伴い，留学期間中のみという特殊な賃貸住宅需要を急増させた結果，メルボルンにおける高層住宅開発が質的に変容した過程について検討した。なお，本章の主要な論点の1つである高層住宅とは，10階建て以上の建築物のうち，低層部の小売・サービス業を除けば当該建物の大半が居住機能で占められる建物を指すこととする。メルボルン大学周辺には10階建て未満の中層の住宅も散見されるが，これらは学生用アパートと表記した。また，本章の研究対象地域であるメルボルンとは，CBD，サウスバンク（Southbank），

ドックランズ（Docklands）および大学周辺（カールトン地区）の4地区を主要地区とする図5-1に示す範囲（2006年8月の市域人口76,678人[7]，面積36.5 km²）である。

2 留学生の急増

ユネスコ（UNESCO）の発表による2003年の国別留学生数によれば（大学生以上），オーストラリアはアメリカ，イギリス，ドイツ，フランスに次ぐ世界5位の留学生受け入れ国である（図5-2）。留学生の受け入れ総数でみればアメリカが圧倒的に多く，イギリス，フランス，ドイツも20万人を超える規模で受け入れている。これらの国へはアジア諸国からの留学生も相当数に上るが，留学生の出身国は多様である。一方，オーストラリアは留学生の受け入れ数では前述の4か国に次ぐ5位（87,785人）であるが，その大半（77％）がアジア諸国からの留学生である点に大きな特徴がある。オーストラリアでは，高次の専門教育機会を求めてアジア諸国から進学する留学生[8]が圧倒的に多く，また，大学定員に占める留学生の割合が高率であることも特徴である。

図5-3は1991年のメルボルンにおける大学生の分布を示したものである。図中に二重線で示した部分がメルボルンのCBDの範囲である。CBDの北に隣接してメルボルン工科大学が立地し，さらにその北側にはメルボルン大学が

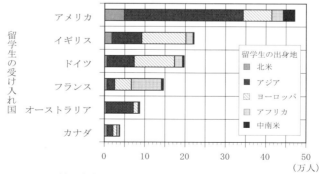

図5-2　外国人留学生（大学生）の出身地と留学先（2003年）
（O'Connor（2004b）をもとに作成）

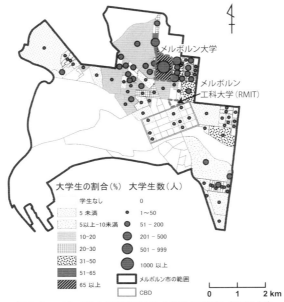

図 5-3 メルボルン市における大学生の分布（1991年）
（オーストラリア統計局のデータをもとに作成）

表 5-2 メルボルン市における地区別人口総数と大学生人口の割合（1991～2001年）

	1991年			1996年			2001年		
	大学生数(人)	構成比(%)	人口総数(人)	大学生数(人)	構成比(%)	人口総数(人)	大学生数(人)	構成比(%)	人口総数(人)
CBD	97	2.1	4,660	356	5.6	6,371	2,059	13.6	15,104
サウスバンク,ドックランズ	0	0.0	394	349	11.9	2,941	970	14.8	6,542
その他メルボルン市内	5,760	16.4	35,081	7,636	19.5	39,245	9,678	21.0	46,134
合計	5,857	14.6	40,135	8,341	17.2	48,557	12,707	18.7	67,780

（オーストラリア統計局のデータをもとに作成）

立地する。両大学ともメルボルン市内を縦横に走るトラム網でCBDや主要な郊外鉄道駅と結ばれており，公共交通機関を利用した通学の便は良好である。1991年の大学生の分布をみると，主として上記2大学の周辺に集まって居住しており，大学生の多い街区は全居住者に占める大学生の割合も高いことがみて

V　メルボルンにおけるグローバリゼーションとコンドミニアム・ブーム　77

とれる。1991年にCBD内部に居住する大学生は97人にすぎず、サウスバンクやドックランズに住む大学生は皆無であった。1991年の時点ではメルボルン市内に居住する大学生数は5,857人であり、そのほとんどがメルボルン大学とメルボルン工科大学の近く（**表5-2**中の「その他メルボルン市内」）に住んでいたことがわかる。1991年のメルボルン市の総人口は40,135人であり、総人口に占める大学生の割合は14.6％であった（**表5-2**）。

　1996年の大学生の分布をみると、1991年に比べて大学生が著しく増加したことがわかる（**図5-4**）。大学生数が100人を超える街区がCBDにおいて新たに2か所現れたのをはじめ、CBDに住む大学生数も356人へと約4倍に増加した。また、サウスバンクにも高層住宅が供給され、その一部に大学生が居住するようになった。さらには、メルボルン大学とメルボルン工科大学の近くに相当する「その他メルボルン市内」でも、大学生は1991年の5,760人から1996年には7,636人へと大幅に増加した。1996年にメルボルン市内に居住す

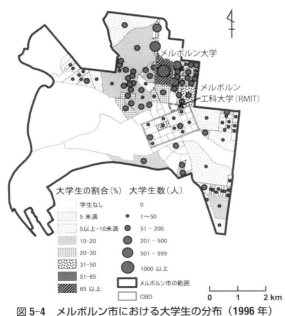

図5-4　メルボルン市における大学生の分布（1996年）
（オーストラリア統計局のデータをもとに作成）

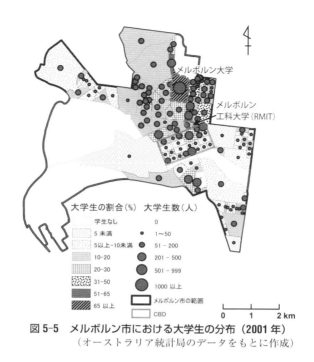

図 5-5 メルボルン市における大学生の分布 (2001年)
(オーストラリア統計局のデータをもとに作成)

る大学生数は 8,341 人となり，1991 ～ 96 年にかけての 5 年間で 40％以上も増加した。1996 年のメルボルン市の総人口 48,557 人に占める大学生の割合は17.2％となり，1991 年の水準からみて 2.6 ポイント増加した。

　メルボルン市内に居住する大学生の増加は，2001 年にかけてさらに加速した。2001 年の状況を示した図 5-5 によれば，大学生の急増の様子が顕著に現れている。大学生の居住地は両大学の周辺にとどまらず，CBD，サウスバンク，ドックランズを含めたメルボルン市内の全域に拡大した。1996 年の時点で大学生が住んでいた街区では大学生数がさらに増加したほか，これまで大学生の住んでいなかった街区においても大学生が大幅に増加したことがわかる。2001年に CBD に居住していた大学生は 2,059 人であり，1996 年に比べて 5 倍以上に急増した。この傾向はメルボルンの全域でみられ，市内の大学生数は 12,707人にまで拡大した。2001 年のメルボルンの総人口 67,780 人に占める大学生の割合は 18.7％となった。次に，表 5-3 にメルボルン市内における全大学生に占

V メルボルンにおけるグローバリゼーションとコンドミニアム・ブーム 79

表 5-3 メルボルン市における海外生まれの大学生の構成比（1991 ～ 2001 年）

	1991 年		1996 年		2001 年	
	大学生数 (人)	構成比 (%)	大学生数 (人)	構成比 (%)	大学生数 (人)	構成比 (%)
海外生まれの大学生	1,770	30.2	3,556	42.6	7,287	57.3
オーストラリア生まれの大学生	4,087	69.8	4,785	57.4	5,420	42.7
大学生合計	5,857	100.0	8,341	100.0	12,707	100.0

（オーストラリア統計局のデータをもとに作成）

める留学生の割合を示した。ここでは，オーストラリア統計局のデータの中から，海外生まれの大学生数を留学生数と判断した。この表によれば，メルボルン市における留学生の割合は，1991 年には全大学生の 30.2 ％であったが，1996 年には 42.6 ％，そして 2001 年には 57.3 ％へと大幅に拡大した。データの制約から，どの地区で留学生の割合が急拡大しているかの特定はできないが，**図 5-3 ～図 5-5**，そして**表 5-2** および**表 5-3** を総合的にみることにより，メルボルン市において大学生が急増していること，また，その主要因が海外生まれの留学生の増加であることがみてとれる。次に，留学生の急増がメルボルン市における住宅需要に影響を与えている例を示すため，**写真 5-1** にメルボルン市の CBD における典型的な高層住宅を示した。筆者の行った聞き取り調査によれば，例えば CBD に立地する 200 ～ 300 室程度をもつ 20 階建て以上の新築高層住宅の約 75 ％は留学生によって占められていた。また，サウスバンクの高層住宅では，概して留学生の居住者割合は 30 ～ 50 ％程度である傾向が確認できた。留学生が多く住むこれらの高層住宅では，標準中国語や広東語，インドネシア語，タイ語，韓国語などのアジア系言語を話す留学生が主な居住者となっている。

こうした留学生の急増は，オーストラリア連邦政府による 1980 年代後半の大きな政策転換に起因する。すなわち留学生の受け入れ方針は，従前のオーストラリア連邦政府による国費留学生（大学院生）中心から，自ら学費を支払う学部生を中心とした受け入れへと大きく方向転換された。メルボルン大都市圏内に立地する主要大学では，全定員に占める留学生の割合は，1990 年代初頭には 20 ％を，そして 1997 年以降は 25 ％を超えて推移している。留学生がいな

写真 5-1　メルボルン CBD における高層住宅
(2007 年 12 月，堤撮影)

ければ研究室の存続さえ危うい事例も報告されている（Tsutsumi and O'Connor, 2006）。メルボルン大都市圏内の大学に限らず，オーストラリアのほとんどの大学において，安定した学生数の確保という点からみて留学生は重要な存在となりつつある。このことはマージンソン（Marginson, 1993）によれば，オーストラリア連邦政府が大学における高等教育および留学生の大幅受け入れの方針を，グローバルマーケットへの教育サービスの輸出（Trade/ Export of Educational Service）として新たに位置づけたことを意味するという。すなわち，「英語による高等教育」を知識産業として積極的に展開するオーストラリア側の利害と，欧米諸国よりも距離的に近く，かつ入国もしやすいオーストラリアへの留学を好評価するアジア諸国の利害が一致したと考えられる。

3　メルボルンにおける高層建築物の増加と再開発

(1) オフィス空間の増加と住空間の拡大

まず，メルボルンにおける高層建築物の立地動向を概観する。**表 5-4** はメルボルンにおける 10 階建て以上の建築物の建築年代を階数別に示したもので

V メルボルンにおけるグローバリゼーションとコンドミニアム・ブーム　81

表 5-4　メルボルン CBD における高層建築物の建築年代（2003 年）（単位：棟）

	10 〜 19 階	20 〜 29 階	30 〜 49 階	50 階以上	合計
1945 年以前	73	3	2	0	78
1946 〜 59 年	17	0	0	0	17
1960 〜 69 年	40	13	0	0	53
1970 〜 79 年	43	12	8	1	64
1980 〜 89 年	33	6	6	2	47
1990 〜 99 年	47	17	9	5	78
2000 年以降	11	12	1	0	24
建築年代不明	23	4	0	0	27
合計	287	67	26	8	388

（メルボルン市役所 CLUE データベースをもとに作成）

ある。この表によれば 1960 年代までは 19 階建て以下の建築物が主であり，本格的な高層化は 1970 年代以降に進展した様子がわかる。2003 年におけるメルボルンの CBD には 20 階建て以上の高層建築物が 101 棟存在したが，それらの 80％以上は 1970 年代以降に供給されたものである。1970 年代にみられた初期のピークの後，1980 年代までの高層建築物の立地は，行政機関の集中するコリンズ・ストリート東部に集中する傾向にあった（図 5-6[11]）。1986 年のデータによれば，CBD における賃貸用のオフィス空間の約 40％はヴィクトリア州政府とメルボルン関連の行政目的で契約されており，CBD における慢性的なオフィス空間不足が深刻化していた（Fothergill, 1987）。ただし，CBD におけるオフィスの立地には規制が多かったことから，オフィスの新規立地は CBD の南側に隣接するセントキルダ・ロードのほか，おおむね CBD から 10 km 圏内の郊外核へと分散立地した。ヴィクトリア州都市計画・環境省の資料によれば，1980 年代後半に CBD の高層建築物の立地規制が見直された。この規制緩和により，1980 年代後半から 1990 年代初頭にかけて CBD 西部に 56 階建てのバーク・プレイス・ビル（Bourke place, 1991 年），CBD 北部に 51 階建てのメルボルン・セントラル・ビル（1991 年）をはじめとする超高層建築物（50 階建て以上）が CBD 内のかつての縁辺部に相当する西部や北部において多数

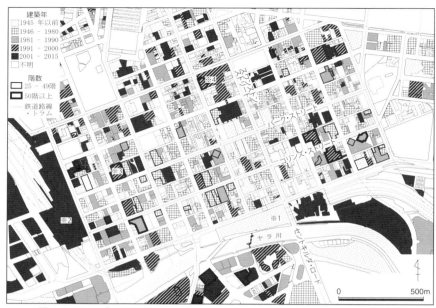

図 5-6　メルボルンの CBD 周辺部における建物の建築年および階数（2015 年）
（Vic Map およびメルボルン市役所のデータをもとに作成）
※1　フリンダース・ストリート駅　※2　サザンクロス駅
※3　パーク・プレイス・ビル　※4　メルボルン・セントラル・ビル

新築された。これらにより，メルボルンではCBDの一部の街区のみに限定されていた高層オフィスビルの立地は，平面的にも垂直的にも拡大した。また，1990年代初頭には工場や倉庫の跡地における再開発により，サウスバンク地区においても多くの高層建築物が出現した（Tsutsumi and O'Connor, 2006）。しかし，こうした高層建築物の大量供給はオフィスの賃貸相場を大幅に悪化させたため，メルボルンでは投資資金の回収すら困難となる深刻な不況に陥った。新たな高層建築物の供給地の近くでは，同時にオフィスの高い空室率も問題となった（Robinson, 2005；Jones Lang Lasalle, 2006）。

　メルボルンのCBDにおいては，1990年代半ばまでは高層建築物の用途はオフィスのみが主流であったが，その後1990年代半ば以降は，住居系が主要な用途としてオフィスに取って代わった。多くの高層住宅が次々と供給されたことにより，1991〜2001年の期間にCBDにおける居住用の空間は10倍以上に

V　メルボルンにおけるグローバリゼーションとコンドミニアム・ブーム　83

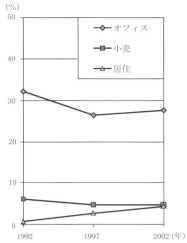

図 5-7　メルボルン CBD およびサウスバンクにおける主要な建物利用の構成比（1992〜2002 年）
各用途の値は，各建物の床面積に関するデータから算出した。
その他の建物利用のうち比較的占有面積の大きなカテゴリは，屋内公共空間（13.6%），屋内駐車場（10.8%），飲食店・文化共用施設（5.2%），オフィス空室（3.9%）など（2002年）。
（メルボルン市役所 CLUE データベースをもとに作成）

急増した。1990 年代初期にメルボルンの CBD でみられた住宅開発は，子育て終了後の比較的裕福な中高年層（Empty Nesters）を対象に奨励策がとられてきたものである。O'Connor（2004a）[12]によれば，1990 年代初頭以降の住宅供給の契機とその後の急増は，都市圏全体の住宅価格に比較して著しく高く推移した CBD の住宅価格が「プレミアム性」をもち，オーストラリア国内の好景気も後押しして投機ブームが起きたことによる。このような住宅開発については，メルボルンの CBD およびサウスバンクの建築物に関する 1992〜2002 年における主要用途別の構成比の推移を示した図 5-7 からも読みとれる。この図によれば，オフィスとしての利用は依然として高水準にあるものの，その比率は低下傾向にあり，代わって居住機能（主に高層住宅）の増加傾向が確認できる。小売機能の構成比は若干低下しているが，逆に床面積自体はわずかに増加した。このように，メルボルンの CBD では，オフィスビルの過剰供給とそれに伴う開発停滞がみられる一方で，これらに代わる新たな傾向として，住宅開発の増加がみてとれる。

（2）サウスバンクとドックランズにおける再開発

　ヴィクトリア州政府は 1984 年に，サウスバンクにおける鉄道用地と関連する倉庫群を対象とした再開発計画を発表した。ウォーターフロント開発も含め，工場や倉庫，鉄道跡地など産業を長く支えた空間を更新する事例は，欧米や日本の大都市に共通してみられる現象である（町村, 1995）。メルボルン大都市圏はオーストラリア国内では製造業および輸出入の拠点として発展した経緯があるが，産業構造の変化とともに製造業に特化した地区の衰退が問題となっていた。一方で，メルボルンはオーストラリアを代表する国際的なイベントが国内で最も多く開催される都市であり，また，親戚訪問や休暇を目的とする観光客数も多い特徴がある。そこで，オーストラリア国内におけるメルボルンの役割を新たに位置づけようとする都市再開発が計画され，観光産業，研究開発機関，メディア企業，カジノなどの娯楽・商業施設そして高層住宅開発などの誘致が進められた（State of Victoria, 1984）。サウスバンクの開発では，ヴィクトリア州政府の主導の下で民間資本が積極的に活用され，ヤラ川のウォーター

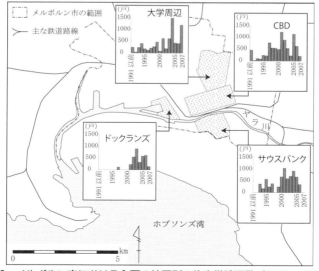

図 5-8　メルボルン市における主要 4 地区別の住宅供給戸数（1991 ～ 2007 年）
　住宅供給戸数には，高層住宅および学生用アパートの両方を含む。
（BIS Sharapnel の資料により作成）

フロント周辺に高層住宅群と職住近接のオフィス地区が誕生した（State of Victoria, 1987a；1987b）。

　図5-8は，メルボルンにおける新規の住宅供給戸数（高層住宅および学生用アパート）について，CBD，大学周辺（カールトン地区），サウスバンク，ドックランズの地区別および年次別に表したものである。この図によれば，メルボルンのCBDおよびその周辺地域においては1991年以前の新規の住宅供給は数百戸程度にすぎなかったことがわかる。1993年以降には，1棟当たりの戸数の多い高層住宅が相次いで竣工したことにより，サウスバンクにおいて大幅な戸数の増加がみられた。その後，1990年代後半には主たる高層住宅の供給地点はCBDへと移った。そして2000年以降は再びサウスバンクと新たにドックランズにおいて多くの高層住宅が供給されたほか，さらに2003年以降は大学周辺においても住宅供給が活発化したことがみてとれる。ただし，大学周辺地区では10階建て未満の学生用アパートの供給がほとんどであった。1991〜2006年にかけてCBDには10,506戸，サウスバンクには同期間に6,939戸，大学周辺には4,813戸，ドックランズには3,406戸の住宅が新たに供給された。

　こうして新規に出現した高層住宅への主な入居者は，開発当初は不動産業やコンピュータ・サービス関連業，医師や教育関係をはじめとする従業者年齢の比較的若い新興の産業の従業者であった[13]。このような再開発あるいは高級住宅地区の出現は，ジェントリフィケーションの視点からの考察も有効であろう[14]。メルボルンにおけるサウスバンクやドックランズの再開発プロジェクトの場合も，高層・高級住宅の増加や関連する小売業の増加，さらには都心居住といった新しいライフスタイルの創造などの点において，代表的なジェントリフィケーションの研究例との共通点を見出せる。しかしメルボルンでは，他都市の一般的な事例と比較して，いくつかの相違点もみられる。例えば，サウスバンクやドックランズの再開発は鉄道用地および倉庫群の跡地を利用して行われたものであることから，古い低層住宅地区の更新の事例ではなく，高層住宅や新規の居住者が純増したという特徴が挙げられる。つまり，メルボルンではサウスバンクやドックランズにおける再開発の過程で，老朽化した粗末な住宅地の更新や従前の居住者の立ち退きといった，ジェントリフィケーションの事例に共通する要素（藤塚，1994）がほとんどみられない。したがって，メルボルン

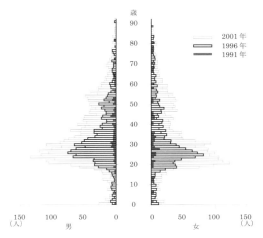

図 5-9　メルボルン・サウスバンク居住者の年齢構成（1991 ～ 2001 年）
（オーストラリア統計局のデータをもとに作成）

で現在進行しているオフィスビルと高層住宅の増加は，若年高所得者の急増と従前の居住者の立ち退きという従来のジェントリフィケーションの枠組みだけでは説明がつかない。これらの点をふまえた，メルボルンの特徴を考察する必要がある。

　1991 年の国勢調査によれば，開発が本格化する前のサウスバンクでは，わずかに 394 人の居住者を数えるのみだった。当該地区における居住者の年齢構成を示した**図 5-9** によれば，1991 年に比べ 1996 年には大幅な人口増加がみられ，総人口は 2,941 人となった。1996 年当時，メルボルンで最も新しい再開発地区であったサウスバンクでは，職住近接を好む 20 歳代後半～ 40 歳代にかけての年齢層が中心的な居住者となった。このことから，サウスバンクにおける再開発の初期には，若年高所得者層や裕福な中高年層が主な居住者であったことがわかる。さらに 2001 年には，18 ～ 20 歳代前半の年齢層の大幅な増加を主因として，サウスバンクの人口は 6,542 人へと 1996 年からの 5 年間に倍増した。データの制約から，これらの人口増加分のすべてが大学生によるものとは断言できないが，大学生（特に留学生）の急増が留学期間中のみという特殊な賃貸住宅需要を生み出していることを考慮すると，メルボルンにおける高層

V　メルボルンにおけるグローバリゼーションとコンドミニアム・ブーム　87

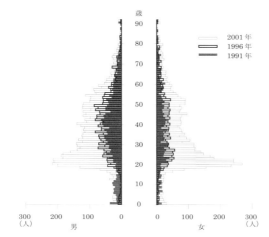

図5-10　メルボルンCBD居住者の年齢構成（1991〜2001年）
（オーストラリア統計局のデータをもとに作成）

住宅開発は，若年高所得者層や裕福な中高年層を主たるターゲットとするものから，留学生による賃貸需要を強く意識した住宅開発へと変質したことが推察される．

（3）CBD居住者の年齢構成の変化

図5-10にメルボルンのCBD居住者の年齢構成を示した．この図によれば，1991年時点では20歳代後半〜50歳代にかけての人口が多く，特に男性の数が女性を大きく上回っていたことがわかる．1996年には各年齢層で人口が増加したこともわかるが，年齢構成をみると1991年との間にパターンの差はみてとれない．一方で2001年には，30歳代や50歳代の子どもの少ない（あるいは子どものいない）世代の増加に加え，大学生に相当する18〜20歳代前半の人口が男女とも大幅に増加したことがわかる．前節で示した大学生の分布と関連させて考察すると，1996〜2001年にみられた大学生に相当する年齢層の増加は，留学生が「爆発的」[15]に流入した結果と考えられる．1991年の国勢調査によれば，CBDに居住する大学生数はわずかに97人（CBD居住者に占める大学生の割合は2.1％）であったが，1996年には大学生数は356人（同5.6％），2001年には2,059人（同13.6％）へと著しく増加した．これらのことから，留

学生の急増が賃貸住宅需要を変質させたことが推察される。

4 留学生の急増と住宅需要および雇用に関する考察

（1）住宅需要の変質

　これまでみてきたように，留学生の急増は在学期間中のみという数年に限った短期滞在のための賃貸住宅需要を急増させた。メルボルンに立地する主要な2大学はCBDから徒歩圏内の交通至便な環境にあることから，両大学を中心とする留学生の急増はCBDにおける住宅市場の急伸にも大きく影響したと考えられる。

　2000年2月に実施されたCBD居住者を対象としたサンプル調査から推計すると，持ち家居住者（自ら居住する目的で住宅を購入）は全体の約3分の1にすぎず，残る約63％の居住者は賃貸住宅に居住していると判断できる（**表5-5**）[16]。持ち家居住者の居住形態をみると，単身あるいは家族での居住を目的としたものが主流であり，部屋数はワン・ルームタイプ（ステュディオ）ではなく2寝室ないし3寝室をもつタイプの住宅が多い傾向にある。一方，賃貸住宅の大半は投機目的によって購入された住宅であり，それらが不動産賃貸実務を請け負う会社を通じて，賃貸住宅として利用されているものである。これらの高層賃貸住宅の部屋数は2寝室のものが主流であり，住人の多くは，「3

表5-5　メルボルンCBDにおける高層住宅の居住形態（2000年）

居住形態	持ち家居住者（%） （n = 186）	賃貸アパート居住者(%) （n = 314）
両親と18歳未満の子どもが同居	10	4
両親と18歳以上の子どもが同居	9	3
両親のみ（子どもは独立）	15	1
夫婦のみ（子どもなし）	20	24
単身	26	22
共同生活（ルームシェア）	20	46

（BIS Shrapnel survey of inner city residents のデータをもとに作成）

～4人で共同生活（ルームシェア）」する留学生である[17]。CBD で新たに供給された住宅は，当初は比較的裕福な中高年層や若年高所得層の持ち家居住者を対象としたものであった。しかしその後，CBD での住宅供給量が大幅に増加する過程において，当初の購入者である中高年層や若年高所得層らの住宅が賃貸用に貸し出される事例が次第に増加し，その結果主たる居住者は賃借人である留学生へと変容していったと考えられる。留学生らは 2 ～ 4 人での共同生活によって家賃負担を軽減することにより，CBD や大学に近接した上質の高層住宅に好んで住むようになった。例えば，CBD の高層住宅の 1 室（2 ベッドルーム，定員 4 人）を半年以上の契約で入居する場合，1 か月の家賃は 10 万円前後で賃借が可能である[18]。前述の通り，この部屋で例えば出身国の同じ 4 人が共同生活を送る場合，快適な都心居住が 1 人当たり 1 か月 25,000 円ほどで実現することになる。オーストラリアの学生は週 20 時間までのアルバイト就労が許可されており，筆者の調査によれば平均的な時給は 10 ～ 15 豪ドル程度であるので（1 豪ドルは 90 円，2008 年 4 月 20 日），このアルバイト収入だけでも家賃負担が十分に可能になる計算である。このことは，留学生数の多い主要大学が CBD に近接して立地するうえ，適当な価格帯で快適な住居を賃借することが可能という，メルボルンにおいて特徴的にみられる現象である。メルボルンにおける高層住宅の増加と投機目的の所有者の増加を考察した Shaw ら（2007）によれば，潜在的な需要の発生源としての留学生（Possible Occupants）の存在が重要であるという。投機目的の購入者の増加は，メルボルンにおける高層住宅市場を変質させていると考えられる。

（2）雇用への影響

　メルボルン市による調査によれば，1990 年代を通じてメルボルンの雇用については懸念が存在した。例えば，メルボルンでは 2001 ～ 02 年にかけて，メルボルンに本拠を置いていたアンセット航空の倒産（2001 年 9 月）や，日本資本のメルボルン大丸の撤退（2002 年 7 月）が相次ぎ，6,000 人規模の雇用減少が見込まれた。しかし実際は，2000 ～ 02 年にかけて，メルボルンの CBD の雇用は若干増加した。1992 年と 2002 年を対象として雇用の変化を業種別にみると，1992 年に比べて 2002 年には金融・保険業の従業者数が大きく伸びたほか，小売業も増加したことがわかる（**図 5-11**）。また，ホテルや飲食業など

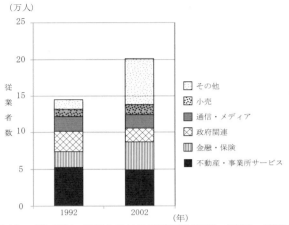

図 5-11 メルボルン CBD における従業者数の変化（1992, 2002 年）
業種はメルボルン市役所の分類に基づく。
（メルボルン市役所 CLUE データベースをもとに作成）

の対個人サービス業関連の従業者を含む「その他」も大きく増加した。これに関連して，2006 年末のメルボルン市内の飲食店の増加についてみると，メルボルンの CBD では 2000 年の時点で飲食店の座席数は約 64,500 席あり，その後，2002 年の時点ではそれが約 75,000 席へ増加した。さらにその後も毎年 5 〜 10％程度の増加を続け，2006 年末には約 90,000 席となった。このように雇用が好調である主な要因は，CBD を中心としたメルボルンの人口増加であると指摘されている。2 節で示したように，メルボルン市の人口は 1991 〜 2001 年にかけて 27,645 人増加し，この増加分のうち 6,850 人は大学生（留学生と考えられる増加分は 5,517 人）によるものである（**表 5-2，表 5-3**）。メルボルン市役所による資料によれば，メルボルン大都市圏に居住する留学生は衣・食・住の生活関連に関して，1 週間に 1 人当たり平均して約 600 豪ドルを費やしており，年間では約 3 万豪ドル以上を支出すると見積もられている。2005 年にはメルボルン大都市圏だけでも 48,600 人の留学生が暮らしていることを考慮すると，急増する留学生による消費行動はメルボルンの商業やサービス業に対して大きな影響を与えていると考えられる。

これまでみてきたことから，留学生の急増が，メルボルンの人口増加や関連

する雇用の増加に好影響を与えていると考えられる。メルボルンでは急増した留学生が都心の高層住宅に居住し，同時に増加した飲食店（各国レストランなど）にてバイリンガルな即戦力としてパートタイムで働いていることが推察される。留学生の増加自体は世界的には珍しいことではないが，学生の急増と都市のもつ国際性や異文化性，多様性などが直接反映される点がメルボルンの大きな特徴と考えられる。

5 まとめ

　本章はオーストラリアのメルボルンを対象として，1990 年代初頭以降に急増した留学生に着目して，彼らが高層住宅開発やその変質過程，また雇用などに与えた影響を考察した。本章で明らかになった点は，以下の通りである。

　1990 年代以降にメルボルンの CBD を中心にみられた高層住宅開発は，当初は，子育て終了後の比較的裕福な中高年層（Empty Nesters）を主な入居者と想定して，政策的にも奨励策がとられてきたものである。その後の高層住宅開発の拡大は，都市圏全体の住宅価格に比較して著しく高く推移した CBD の住宅価格が「プレミアム性」をもち，オーストラリア国内の好景気も後押しして投機ブームが起きたことによる。こうした投機目的によって購入された高層住宅の多くは，不動産賃貸実務を請け負う会社を通じて，賃貸用として利用されている。CBD を中心としたメルボルンにおける高層住宅の居住者は，従来のジェントリフィケーションに関する研究で指摘されるような若年高所得者や裕福な中高年層のみならず，3 ～ 4 人で共同生活（ルームシェア）を送る留学生が大きな割合を占める。すなわち，これらの住宅にとっては，潜在的な需要の発生源としての留学生（Possible Occupants）の存在が重要である。また，急増した留学生はメルボルンの人口増加にも大きく寄与しており，関連する商業やサービス業などの雇用へも好影響を与えていると考えられる。そして，留学生の受入れはグローバルマーケットへの教育サービスの輸出という側面をもち，オーストラリアの都市成長を牽引するほどのインパクトをもつことが示唆された。

　本章の残した課題には，次の事項が挙げられる。まず，留学生の急増に呼応

して増加する低賃金なパートタイム雇用やアルバイト（小売や飲食業）をどう
とらえるかについては意見が分かれると思われる。比較的高所得な雇用と高級・
高層住宅が増加する一方で，柔軟な労働力に位置づけられる学生のパートタイ
ム雇用が同時に増加することは，結局はサッセン（Sassen, 2001）のいうとこ
ろの分極化仮説と類似した現象なのかもしれない。また，現在の留学生の主要
な供給元であるアジアの途上国においても，今後それぞれの国内で有力な大学
が成長すれば，現在のような堅調な留学需要が続く可能性は低いとみる方が適
切であろう。さらに，本章で考察してきた留学生の増加と CBD における高層
住宅開発を関連させて考察する視点は，Smith and Holt（2007）による「学生
街化（Studentification）」の視点，すなわち，大学生や卒業直後の若年層が作
り出す新たな住宅需要に関する考察との間にも議論の余地があるだろう。

（堤　純）

注

1　オーストラリア統計局（ABS）による Melbourne Statistical District（SD205）GCCSA
　の範囲。
2　URL：http://www.melbourne.vic.gov.au/rsrc/CLUE/CLUE04Brochure_optimised.pdf
　（2007 年 12 月 18 日最終閲覧）
3　留学生の約 4 分の 3 は卒業・修了を機に出身国に戻るが，残りの 4 分の 1 はオースト
　リアに残る。大学卒業後の 1 年間はビザの制約もなく就業が可能であり，さらに英語力を
　はじめいくつかの条件をクリアすれば永住権も取得可能である（O'Connor, 2004b）。
4　O'Connor（2004b）によれば，オーストラリアでは，留学生の受入れ数の多い上位 10
　大学のうち 7 大学は大都市の都心ないしその周辺部の立地である。一方，アメリカの例で
　は，留学生数の多い上位 10 大学のうち 6 大学は小都市に立地している。
5　モナシュ大学は，メルボルン市内ではなく，メルボルン大都市圏内のモナシュ市（メル
　ボルンの CBD の南東約 10 km）に立地している。
6　Monash University, Deakin University, La Trobe University, University of Melbourne,
　RMIT University, Swinburne University, Victoria University, Australian Catholic
　University の 8 大学。
7　http://www.melbourne.vic.gov.au/info.cfm?top=269&pg=2326（2008 年 2 月 13 日最終
　閲覧）
8　大量の留学生がどのようなプロセスを経てオーストラリアの大学に入学したかについ
　て，またどのような意味合いをもって増加したかについて詳細に分析することは学術的な
　意義がある。しかし，オーストラリアへの留学生に関しては，国籍別の人数に関する時系
　列的なデータの入手がきわめて困難であることから，本章ではこれらの分析は行わなかっ
　た。

V　メルボルンにおけるグローバリゼーションとコンドミニアム・ブーム　93

9　**表 5-2** に示すような地区別のデータは存在しないため，ここではメルボルン全域にお
ける留学生の割合について示した。

10　筆者による賃貸物件管理会社の担当者への聞き取り調査によれば，ビルによって状況は
異なるものの，おおむね以下のような結果を得た。例えば CBD に立地する 200 〜 300 室
程度をもつ 20 階建て以上の新築高層住宅(建築中を除き，**写真 5-1** に写る 3 棟の高層住宅)
では，入居者の約 75% はアジア諸国からの留学生によって占められていた。一方，サウ
スバンクにおける同様の高層住宅の場合，調査できた 5 棟についてみれば，概して留学生
の居住者割合は 30 〜 50% 程度であることが確認できた。これらの調査は，2005 年の 3 月
と 12 月，2006 年の 8 月と 11 月，2007 年の 8 月と 12 月に順次実施した。

11　メルボルンにおける高層建築物の立地過程については，Tsutsumi（2005），Goodman
（1983），Maher（1988）などが詳しい。

12　1990 年の CBD の住宅価格は，都市圏全体の平均価格の約 2.5 倍に達した。

13　http://www.melbourne.vic.gov.au/rsrc/CLUE/CLUE04_factsheet.DOC（2007 年 12 月
19 日最終閲覧）

14　例えば，Hackworth（2002）によるニューヨークの研究によれば，金融や事業所サービ
ス業の雇用増が都心部での住宅需要をもたらしたことが示されている。また，Hamnett
（2003）によるロンドンの事例では，ミドルクラスによる住宅需要とロンドン都心部の再
開発の関係が考察されている。これらの研究に関連して，Dutton（2003）はニューヨーク
とロンドンといった世界都市階層の最上位に位置する 2 大都市において観察された雇用変
化と住宅増加の関係が，より小規模な都市においてどのようにフィルター・ダウンされて
出現するのかについて，興味深い議論を展開している。

15　留学生の「爆発的」な増加については，前掲注 2 をはじめ，複数の文献において "student
surge" という用語が散見される。

16　http://www.melbourne.vic.gov.au/rsrc/PDFs/Research%20and%20Stats/
HousingSurNewInnerCityRes.pdf（2007 年 12 月 17 日最終閲覧）。調査方法は，メルボル
ン市内を対象に電話帳から調査対象者を無作為で抽出し，回答者のサンプル数が 500 に達
するまで実施された。調査対象者に大学生が含まれるように，12 〜 2 月初旬の大学休業
期間の影響を避けるため，大学生が通常通り在宅していると思われる 2000 年 2 月中〜下
旬にかけて調査が実施された。

17　http://www.melbourne.vic.gov.au/rsrc/PDFs/Research/5_inner_city_residents.pdf
（2007 年 12 月 19 日最終閲覧）

18　当然のことながら，家賃相場は立地場所と専有面積（寝室数）によって異なる。メルボ
ルン大学やメルボルン工科大学に比較的近い地区で長期契約をする場合は週家賃が 200 〜
300 豪ドル程度，一方，CBD やサウスバンクでは週 500 〜 1,000 豪ドル程度である。また，
同じ高層住宅でも個々の部屋の所有者の意向により長期契約でもほとんど家賃逓減のない
ケースも散見される。あくまでも平均的なケースとして，月 10 万円程度という家賃をこ
こでは例示する。

■ ■ ■ **Column ④**　　　　　　　　　　　　　　　　　　　堤　純

ワインとバーベキューを楽しむ
オーストラリア市民

■ ■ ■

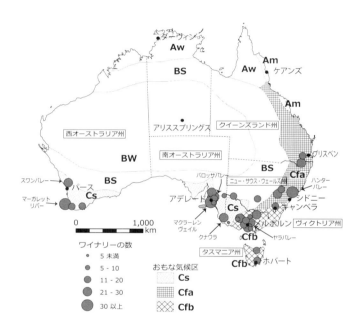

　シドニー，メルボルン，ブリスベン，パース，アデレードの5つの大都市から車で1時間程度（40～50 km）走ると，必ずワイナリーの集中地区がある。名実ともに，オーストラリアのワイン生産地域を代表するのは，南オーストラリア州のバロッサバレーである。ここはアデレードの北東約50 kmにあり，年降水量500 mm前後の乾燥ないし半乾燥地域にかけて広がる産地である。地中海性気候特有の夏季の高温乾燥に特徴をもつこの地で育つブドウは，水分が抜けて濃縮感が特に強い特徴がある。これらのブドウをオーク樽でじっくり寝かせて仕上げられたワインは，赤ワインも白ワインも味の

Column ④　ワインとバーベキューを楽しむオーストラリア市民　　95

バランスがとても良い。特に，オーストラリアを代表する赤ワイン品種であるシラーズは，別名「バロッサ・シラーズ」とか，「パワフル・シラーズ」「スパイシー・シラーズ」などと表現されることの多い品種であり，まさにバロッサバレーで花開いた品種といっても過言ではない。南オーストラリア州は，バロッサバレーのほかにもマクラーレンヴェイル，クレアバレー，エデンバレー，アデレードヒルズなど個性豊かなワイン生産地域をいくつも抱えている。いや逆に，アデレードは広大なブドウ畑の中にあるといった方がよいかも知れない。そして，ワインの生産量の多い南オーストラリア州では，もう1つ個性的なワイン生産地域を挙げておかねばならないだろう。それは，ヴィクトリア州との州境に近いクナワラである。クナワラは南オーストラリア州の中でも南部に位置し，ヴィクトリア州にかけて気候が冷涼になっていく途中にある。海が近づくにつれ，海洋性の気候の要素も加わり，やがて降水量も多くなる傾向になっていく。こうした気候条件に加えて，ここは地質条件がヨーロッパの石灰岩土壌に酷似しており，肥沃なテラロッサ土壌で栽培されるカベルネソーヴィニオン種から作られる赤ワインは，この地域を代表するワインとなっている。

　ヴィクトリア州に入ると，気候はヨーロッパの西岸海洋性気候となり，ここではブドウの濃縮感というよりは，冷涼な気候特有の繊細なワインが多くなってくる。ヴィクトリア州を代表するヤラバレーでは，赤ワインのシラーズや白ワインのシャルドネに加えて，南オーストラリア州よりも冷涼で雨が多くなる気候の特徴にあった，バランスがよく香りも高い赤ワインのピノノワールや白ワインのピノグリが傑出している。こうした冷涼な気候特有の特徴は，ヴィクトリア州の南部，モーニントン半島のワイン産地や，バス海峡を挟んだ対岸のタスマニア州のワインにも通じている。

　そして，ニュー・サウス・ウェールズ州のシドニー郊外のハンターバレーでは，ブドウ栽培の始まりは 1828 年にまで遡り，オーストラリアで最も歴史が長い。しかし，南オーストラリア州，ヴィクトリア州よりも格段に雨の多い温暖湿潤気候に位置するハンターバレーは，特に，収穫期を迎える秋にかけて雨が多いため，本来であればブドウ栽培の適地とはいえない。しかし，そうした栽培地としての適正よりも，オーストラリア最大の人口集積地であ

るシドニー大都市圏から最も近いという立地条件の良さゆえに，ワイン産地として成長したことが特徴である。ハンターバレーでは現在ではさまざまな品種のワインが作られているが，ここを代表する品種といえば，白ワインのセミヨンである。基本的には辛口の白ワインであるが，特徴的なフルーティな香りをもつために飲みやすさも兼ね備えており，さらには複雑さも合わせもっている。ハンターバレーのワイン生産は，量では南オーストラリア州に大きく水をあけられてしまっているが，オーストラリアワインのパイオニアとして，繊細なワイン作りという点では他の追随を許さない。大都市の郊外に1時間も車を走らせれば，必ずといってよいほどワイナリーが現れてくる。週末には，気に入ったワインを持ち寄ってバーベキューを楽しみながら談笑するのがオーストラリアの典型的な休日の過ごし方である。このように，ワインが「国民酒」として最も人気のある酒類となっていることは，オーストラリア文化の基調がヨーロッパ文化であることを再認識させられる。

第Ⅱ部

変貌する都市社会地理

Ⅵ シドニーのエスニック・タウン
　　―ライカートにおけるイタリア系
　　　コミュニティの拠点再構築の試み―

Ⅶ キャンベラのエスニック・タウン
　　―キャンベラにおける華人社会の
　　　空間構造―

Ⅷ アデレードのエスニック・タウン
　　―アデレードにおけるベトナム系住民
　　　の分布とその特徴―

Ⅸ 結論

VI シドニーのエスニック・タウン

―ライカートにおけるイタリア系コミュニティの拠点再構築の試み―

1 研究課題と調査方法

　1788 年にイギリスからの本格的な入植が始まって以来，オーストラリアに移住する人々の出身国は大きく変化してきた。この中で本章が対象とするのは，1950 ～ 60 年代にかけて入国した移民労働者とその家族・子孫を中心とするイタリア系コミュニティである。

　オーストラリアは，白豪主義の下，第二次世界大戦終了までイギリス・アイルランド以外からの移民の受入れを制限しており，アングロ・ケルト系（イングランド・アイルランド出身の白人）を主流とする民族的同質性がきわめて高い社会を形成していた。イタリアからの移民は白人として労働契約の対象にされたものの，英語を第一言語とせず，民族的にもアングロ・ケルト系ではないことが懸念されていた。[1]このように，オーストラリアにおいてイタリア系移民はエスニック・マイノリティとみなされていたが，一方でヨーロッパの白人であるという点から，主流社会への同化可能な集団として受け入れられた（Jupp, 1998：110）。しかし，イタリアからの移民は特定の地域に集住し，そこを拠点にイタリア語で生活するための組織を作り，イタリア系住民を顧客とするいわゆるエスニック・ビジネスに従事する者が増加した。こうしたコミュニティとしての動向は学術的な関心を呼び，ギリシア系移民とともに，第二次世界大戦後のオーストラリアの多民族化を最初に顕在化させた集団と認識された（Jupp, 1998）。しかし，1970 年代以降，イタリアから移住する移民の数が減少した結果，

国内のイタリア系住民の人口規模は縮小し，コミュニティの内部も変化してきた。

このような変化について，地理学では Burnley（2001：2005）が居住パターンの変遷および世代による職業を含めた属性の変化に焦点を当てて調査している。その研究によれば，イタリア系住民のコミュニティは次のように変わってきた。まず，移民の1世の高齢化が進み，人口の中心は2世・3世になった。また，1世の労働者が主に工場や建設現場に従事していたのに対し，2世・3世はオーストラリアでの教育を受けて職業的上昇を果たし，総人口の職業割合に近づいていった。居住地については，1950年代・60年代にイタリアからオーストラリアに移住した1世の多くが，労働者向けの比較的家賃の低い住宅が集まる大都市のインナーシティで生活を始めた。しかし，住宅の購入で郊外に移住し，さらに2世・3世が独立した世帯をもつにつれて，1世の居住する地区の近隣やさらに外側の郊外に分散していった。こうした居住地の分散を受けて，インナーシティにあるイタリア系企業家のエスニック・ビジネスは減少していった。

このような状況で，イタリア系コミュニティにとっての移民1世の集住地の重要性は低下しているようにみえるが，一方で，都市の自治体は，移民が作り出す「エキゾチック」な景観は都市の魅力を高めるものとして，こうした景観の形成を推進するようになった。これを反映し，1980年代末のメルボルンやシドニーの都市再開発においては，イタリア系移民1世の集住地区でイタリア文化をイメージした建物や公園の造営計画が立ち上がった。本章では，こうした建造物の1つとして，シドニーのイタリア系移民1世の集住地区ライカート（Leichhardt）[2] に建設された商業・居住・文化の複合施設，イタリアン・フォーラム（Italian Forum）に着目し，イタリア系コミュニティによる移民としての歴史と民族文化，アイデンティティを表象する場所づくりとどのように関わっているかを探究することにした。

本章で使用される主な一次資料は，2009～15年までのライカートおよびイタリアン・フォーラムでの年1回の観察，2014年9月に実施したイタリアン・フォーラム内にある公立図書館職員，ライカート市役所（Leichhardt Municipal Council）職員，シドニーのイタリア系住民のコミュニティ組織 Co.As.It.（Italian Association of Assistance）職員への聞き取り調査を通じて収集された。[3]

Co.As.It は，イタリア系住民のための社会福祉サービス提供を目的とする非営利組織で，1967 年にヴィクトリア州カールトン、1968 年にニュー・サウス・ウェールズ州ライカートに設立された。福祉サービスの提供に加え，イタリア語教室などイタリア語および文化の維持・継承のための活動を行っている。ライカートの Co.As.It. は，イタリアン・フォーラムの建設以来，その運営には直接関わってこなかったが，後に同施設内にあるイタリアン・フォーラム文化センターの所有権獲得に乗り出した。この動きは本論文の焦点の 1 つであり，4 節で詳しく述べる。ほかに，オーストラリア統計局（Australian Bureau of Statistics）の国勢調査のデータ[4]などの統計資料，ライカートやイタリアン・フォーラムに関する既存研究・文献・新聞記事[5]も二次資料として使用した。

2 オーストラリアのイタリア系移民

　先に述べたように，第二次世界大戦以前のオーストラリアは，イギリス・アイルランド以外の国に門戸を閉ざしていた。これが変更されたのは，対象をイギリス・アイルランドからの移民に限定していては，戦後の経済成長に必要な労働力を確保できないことが明らかになったからである。オーストラリア政府は，建設労働や工場労働に従事する人材を確保するために，1940 年代半ばから 1950 年代初頭にかけて東欧難民を受け入れ，1950 ～ 60 年代にはヨーロッパの多くの国々と政府間協定を結び，労働者の受入れを行った（Jupp, 1998）。イタリアとは 1951 年に協定が結ばれ，これに基づき，1968 年までの間に約 42,000 人が渡豪した（DIMA, 2001：36）。協定によらずに渡航した労働者も多く，これに家族呼び寄せが加わり，イタリア出身の移住者数は 1950 ～ 60 年代にかけて大きく上昇した。1949 ～ 2000 年にかけてのイタリアからの移住者総数は 390,810 人（全移住者数の 6.9%）にのぼるが，その大半が 1950 ～ 60 年代の期間にオーストラリアに到着している[6]（Jupp, 1998：111；DIMA, 2001）。

　このような動向を受けて，オーストラリアにおけるイタリア生まれの人口は，1947 ～ 54 年にかけて大幅に上昇しており（**図 6-1**），海外生まれの出生国別人口において，イギリスに次いで 2 番目に大きい規模となった（DIMA, 2001：36）。しかし，1970 年代をピークに徐々に減少し，2011 年現在には

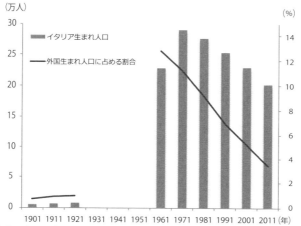

図 6-1　オーストラリアにおけるイタリア生まれ人口（1901〜2011年）
（1901〜96年については DIMA（2011：18-19），2001年と2011年についてはオーストラリア統計局のデータをもとに作成）

表 6-1　都市圏別イタリア生まれ・家庭で話す言語をイタリア語とする人口（2011年）

（単位：人）

都市圏	イタリア生まれ	イタリア語
シドニー	41,777	68,564
メルボルン	68,799	112,682
ブリスベン	6,359	10,544
アデレード	19,478	31,514
パース	17,734	28,437
ホバート	588	845
ダーウィン	309	572

（オーストラリア統計局のデータおよび .id the population experts（2015a）をもとに作成）

201,690人，海外生まれに占める割合は3.4％になった[7]。

　次に，イタリア生まれ人口の居住分布についてみると，その多くが都市に居住していることがわかる。2011年の国勢調査によれば，メルボルン大都市圏では68,799人で，イタリア生まれ総人口の34.1％を占める。シドニー大都市

圏では41,777人（イタリア生まれ総人口の20.7％）となっている（**表6-1**）。家庭でイタリア語を話す人口については，オーストラリア全体で299,829人（オーストラリアの総人口の1.4％）で，メルボルン大都市圏では112,682人（家庭でイタリア語を話す総人口の37.6％），シドニー大都市圏では68,564人（家庭でイタリア語を話す総人口の22.9％）となっている。このように，イタリア系住民は特にメルボルンとシドニーに多く，さらに，それぞれの都市圏内の特定地区に集住する傾向がみられた。

3 シドニーのイタリア系人口の居住分布とライカート

（1）シドニーのイタリア系住民の集住地—家庭でイタリア語を話す人口の分布から—

オーストラリアの都市における出身国別の移民の居住パターンについての研究（Burnley et al., 1997；Poulsen and Johnston, 2000；Johnston et al., 2001）では，アメリカの都市にみられるアフリカ系アメリカ人の「ゲットー」にあたるような隔離された移民の集住地区は形成されていないとされる。しかし，イタリア系やギリシア系，レバノン系，中国系移民については，ある程度の集住が確認されている（Johnston et al., 2001）。

図6-2は，シドニー大都市圏を対象に，中統計区であるSLA別にみた1991年と2011年におけるイタリア語を話す人口の分布を示している。1991年についてみると，シドニーのCBDから5〜10kmに位置するドゥラモイン（Drummoyne），アッシュフィールド（Ashfield），コンコード（Concord）地区において，それぞれのSLA内の10％を優に超える集積が確認できる。隣接するストラスフィールド（Strathfield）においても地区内の5％を超えるイタリア語人口がみられる。これらの地区は2011年においても同様に，イタリア語を家庭で話す人口の高い集積を維持している。イタリア系移民の2世・3世が増加するにつれて，一般的にはイタリア語を話す人口の減少が見込まれる中，シドニーのCBDの西方に位置するこれらの地区では，依然として高いイタリア語人口を維持している特徴がみられる。

VI シドニーのエスニック・タウン   103

1991年

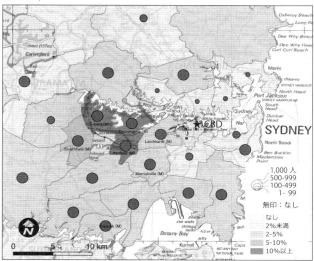

2011年

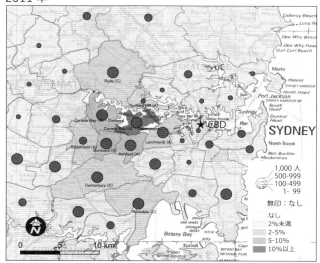

図6-2 シドニー大都市圏におけるイタリア系住民の分布（1991，2011年）（口絵7）
家庭でイタリア語を使用する人口をSLA統計区で集計した値を使用。
（オーストラリア統計局のデータをもとに作成）

(2) ライカートにおけるイタリア系住民のビジネス展開とコミュニティ活動

　上で示したように，ライカートは今ではイタリア系住民の割合が突出して高い集住地区ではなく，集住地の1つという位置づけにある。しかし，同地区は，1970年代に入るまでは，シドニーに移住したイタリア系移民にとっての最初の拠点であり（Solling and Reynolds, 1997：226），イタリア系移民の住宅とビジネスが集中していた（Burnley, 2001：2005）。

　現在のライカートは，シドニーの中では高級住宅地であり，住民の世帯所得は平均よりも高く（.id the population experts, 2015b），管理職・専門職の割合が平均よりも高い（.id the population experts, 2015c）。しかし，イタリア系移民の多くがオーストラリアに到着した1950年代・60年代には，同地区は工場が多く，家賃の低い住宅地であった。当時のイタリア系移民の多くは工場労働に従事しており，職場に近く家賃が手頃であったこの地区に居を構えた（Burnley, 2001；Mura and Lovelock, 2009）。

　さらに，これらの住民を顧客とする飲食店やその他のサービスを提供するビジネスが発展し，イタリアの文化行事や祭典が開催され（Widhyastuti, (n.d.)：15），ライカートはリトルイタリー（Little Italy）と呼ばれるようになった。イタリア系経営者による店舗が特に集中したのは，同地区とピーターシャム（Petersham）の間を走るパラマッタ・ロード（Paramatta Road）とこれと交差してライカート側に延びるノートン・ストリート（Norton Street）沿いであった（**図6-3**）。Burnley（2001）の調査によれば，店舗数は1976年には170余りで，デリカテッセン，ベーカリー，レストラン，カフェなど食材・飲食関連に加え，美容院，旅行会社，不動産事務所，自動車整備などのサービス業の店もあった。しかし，1970年代以降は，イタリアから新たに来る移民が減少し，2世・3世がハーバーフィールド（Haberfield）やファイブドック（Five Dock）など北西部の郊外へ移動したことにより，ライカートのイタリア系住民は減少していった（Burnley, 2005；Mura and Lovelock, 2009）。イタリア系経営者の場合，自宅を他地域に移した後もビジネスはライカートで継続していたが（Widhyastuti, (n.d.)：2），そのような店舗も次第に減少していった。

　一方，コミュニティ組織の多くは移転せず，例えば，そうした組織の1つCo.As.It.はノートン・ストリート沿いに事務所となる建物を所有し，若い世代

Ⅵ　シドニーのエスニック・タウン　105

図 6-3　シドニーのイタリアン・フォーラムの位置（2015 年）（口絵 2）
(http://www.street-directory.com.au/nsw のウェブサイトをもとに作成)

に向けたイタリア語教育や高齢者向けの福祉サービスなどの活動を行っている。

4 イタリア系住民にとってのイタリアン・フォーラム

（1）イタリアン・フォーラムの建設と現況

　1980年代末，ライカートではイタリア系住民が減少しつつもまだビジネス
は持続していた。この時期にはライカートの再開発が進められており，その大
きなプロジェクトの1つが水道局所有の空き地を利用したイタリアン・フォー
ラムの建設であった（Stafford Moor & Farrington PTY LTD., 1994）。この土
地は，入植開始200周年の記念として，1988年にニュー・サウス・ウェール
ズ州政府からイタリア系コミュニティに寄贈された（Widhyastuti,（n.d.）：
14）。イタリアン・フォーラムの建設計画と運営に携わったのは，非営利組織
のItalian Forum Limitedで（Dumas, 2014），メンバーは芸術家や住民で構成
されている。これに不動産業者と市役所が企画に加わって，イタリアン・フォー
ラムが建設されることとなり，1999年12月に完成した。

　イタリアン・フォーラムは，商業・住宅・文化の複合施設で，観光施設にな
ることも目指されていた。設計は，連邦政府に勤める著名なイタリア生まれの
建築家Romaldo Giurgolaによるもので（Widhyastuti,（n.d.）：14），イタリア
を意識した建築デザインとなっている。施設は，中央の広場（Piazza）を建物
が取り囲む構造をとり（**写真6-1**），ノートン・ストリートにつながる通路か
ら広場に至る階段はスペイン広場のものを模している（**写真6-2**）。建物の外
観にはトスカーナ地方をイメージしたクリーム色・赤茶色・深緑色が使われた
（Burnley, 2005：382：The Italian Forum,（n.d.））。階段から広場に向かって
1階の右側に図書館，左側にイタリアン・フォーラム文化センター（**写真6-3**）
の2つの文化施設が置かれ，その間にレストランとカフェが配置された。2階
には主にファッション関連の店およびサービス業の事務所，3〜5階までは住
宅という造りになっている。敷地内の各セクションはイタリアの著名な都市に
ちなんで，ナポリ，ミラノ，ローマと名づけられた。

　完成当時にはほとんどの店はイタリアをイメージしており，飲食店，ギフト
店・洋装店などがあり，どの店も多くの顧客でにぎわった（Davie, 2003：

写真 6-1　シドニーのイタリアン・フォーラム（2015年9月，吉田撮影）

写真 6-2　イタリアン・フォーラムのスペイン広場を模した階段（2015年9月，吉田撮影）

写真 6-3　イタリアン・フォーラム文化センター（2015年9月，吉田撮影）

写真 6-4　イタリアン・フォーラムを散策する台湾からの観光客（2015年9月，吉田撮影）

Dumas, 2014)。観光客も多く，旅行業者との提携により台湾からの団体客が週に4回バスで訪れていた（**写真 6-4**）(Dumas, 2014)。しかし，2000年代後半から地元の顧客および観光客が減少し[9]，2013年以降には閉店が相次いだ[10]。

　イタリアン・フォーラムは，店舗数の減少に直面するだけでなく，イタリアのイメージを維持するのも困難になりつつある。例えば，2015年3月時点で，営業している飲食店10軒のうちイタリアの味を看板にしているのは，イタリア系の一家が家族で経営する3軒のレストラン・カフェとその他1店舗であった（**表 6-2**）。イタリア以外の民族の味を看板とする店舗も現れ，イタリアのイメージの揺らぎに拍車をかけた。例えば，2013年にイタリアン・ジェラートの店が閉店した後，その場所でインド料理のレストランが開店準備をしていた。この店は内外ともに改装されて店内のテーブルにもクロスがかけられていたが

表6-2 イタリアン・フォーラムにおけるビジネスの変化（2009, 2015年）

（単位：軒）

種類	2009年	2015年
カフェ・レストラン	16	10
ファッション・その他販売	26	14
サービス（民間）	16	13

（現地調査をもとに作成）

開店せずに終わり，2014年には店名の異なるタンドーリの専門店になっていた。2015年3月には，この店もなくなり，かわってフランス料理店が開店していた[11]。なお，飲食店や販売店の入れ替わりが頻繁であるのに比べ，法律関係の事務所は比較的安定しており，2009年にあった5事務所のうち1つは閉鎖したが，残りは継続している。しかし，こうした事務所の経営者がイタリア系であるかどうかは不明である。

このように，イタリアン・フォーラムは，全体としては商業的に行き詰まっており，市役所による再生策も提示されてはいるが[12]，有効な打開策は見出せずにいる（Dumas, 2014）。そして，イタリアのイメージの喪失という点では，追い打ちをかけるように，イタリア系コミュニティの文化活動として使う目的で作られたイタリアン・フォーラム文化センターに，俳優養成所 Actors Centre Australia が開校した。

（2）イタリアン・フォーラム文化センターの所有権争い

顧客を誘引する力を失い，イタリアのイメージを失いつつあるイタリアン・フォーラムであったが，2014年に Co.As.It. がイタリアン・フォーラム文化センターの所有権を主張し，俳優養成所の立ち退きを求める裁判を起こした。Co.As.It. の職員からの聞き取りと新聞記事（Dumas, 2014）から得られた情報によれば，裁判までの経緯は以下の通りである。

イタリアン・フォーラム文化センターは，建物自体の建設はされたものの内装は未完のままに放置され，そこでは目立った活動は行われなかった。しかし，2009年に連邦政府から予算が下り，2012年に内装が整えられ，350席をもつ劇場と会議室，調理教室の部屋，バーが作られた。そこで Actors Centre

Australia が Italian Forum Limited と 20 年の契約を結び，2013 年 9 月に俳優養成所を開いた。これに対し，Co.As.It. が 2014 年に俳優養成所の閉鎖とイタリアン・フォーラム文化センターの購入権を求め，裁判を起こした。ライカート市長および市役所は Co.As.It. 側を支持し（Dumas, 2014），同年 12 月には，Co.As.It. が購入権を獲得した。

　このように商業的利益が見込まれにくいイタリアン・フォーラムにおける，ほとんど放置状態だったイタリアン・フォーラム文化センターを，Co.As.It. はなぜ所有する気になったのだろうか。同組織の職員は，イタリアン・フォーラム文化センターの所有権を主張する理由として，以下の点を挙げた。[13]

　　・この施設は，入植 200 周年の記念にイタリア系コミュニティに贈られたものであり，その趣旨を尊重すべきである。
　　・この場所はイタリア系コミュニティの歴史の象徴である。
　　・この施設を「イタリア文化センター」として維持したい。

　また，イタリアン・フォーラム文化センターはイタリア系移民と関わる同地の歴史と文化を今後伝えていくうえで重要な役割を果たすはずであるという。さらに，同施設を利用した今後の抱負について以下のように語っている。

　　　私たちは，ノートン・ストリートにイタリアン・ハブ（Italian Hub）[14]を作る計画を立てていて，条件に合う物件を探していたところだったので，この建物の購入を決めました。もともとフォーラムをコミュニティ活動の場にしようという考えがあって，それでやっとフォーラムが建って，これから時間はかかるかもしれないけど，イタリアン・ハブを作っていこうと思ったのです（筆者による和訳）。

　このように，イタリアン・フォーラム文化センターの購入について，Co.As.It. はビジネスでの利用は考えていない。劇場を使った文化イベントを開催するなど，ノートン・ストリートにおけるイタリア系住民にとっての求心力のある場所づくりをめざしている。

5 アイデンティティの拠り所を求めて

　これまでみてきたように，オーストラリアのイタリア系コミュニティは，戦後のオーストラリアの多民族化を牽引する最初の移民集団であった。1960年代には外国生まれの人口としては，イギリス生まれに次ぐ規模をもっており，大都市の特定地区に集住した。イタリア系住民が集まった地域では，イタリア系企業家の商業活動が活発化し，コミュニティ組織が発達し，イタリア系住民の生活・商業・コミュニティ活動の拠点となった。

　本章でとりあげたシドニー・ライカートは，このようにイタリア系住民が集住し，商業地としても栄えた代表的な地区の1つである。しかし，1970年代以降，イタリアから新規に流入する人口が減少し，居住地の分散も進むと，ライカートもまたこの影響を受けて，イタリア系住民を失い，イタリア系企業家によるビジネスも衰退した。

　しかし，調査の結果明らかとなったのは，シドニーのイタリア系住民にとって，同地区はコミュニティの歴史的シンボルとしての価値を失っていないということである。本章で焦点を当てたイタリアン・フォーラムについては，空き地に建てられた新しい施設であり，1950年代・60年代のイタリア系住民の記憶を反映する要素は皆無である。そのような意味では，この施設自体は，イタリア系コミュニティにとっての歴史的シンボルではない。現在イタリアン・フォーラム文化センターの購入に意欲的なCo.As.It.についても，内装が整えられるまで10年以上放置してきたことから，この建物や場所に強い思い入れがあったとは考えがたい。

　しかし，Co.As.It.は，イタリアン・フォーラム文化センターの内装が整えられたことによって，この施設がライカートのイタリア系コミュニティの歴史と文化的遺産を次世代に伝える媒介になると考えており，ライカート市長と市役所は，裁判におけるCo.As.It.の主張を支援した。商業的な利益を上げられそうな事業主を退けて，非営利の移民コミュニティの組織に経営をゆだねようとするのは，これを支持するイタリア系住民がライカートに多数存在するからであろう。ライカート市役所職員の中には，イタリア系移民の2世も多くいる。

また，Co.As.It. が購入の資金を準備できたのは，主にイタリア系住民で構成される同組織のメンバーの同意があるためだと推察される。イタリア系移民の生活の歴史が刻まれたこの地で，イタリア系コミュニティの場所としての特徴が失われつつあるからこそ，ここを拠点としたコミュニティ活動の必要性を感じ，コミュニティの中で培われてきたイタリア文化を分かち合い，次世代に伝えるための場所を求めているのではないかと考えられる。

Co.As.It. は2014年12月の裁判の判決でイタリアン・フォーラム文化センターの購入権を認められたが，2015年3月に筆者がここを訪れた際には，大きな変化はみられなかった。俳優養成所は同じ場所で経営を続けており，受付の職員との会話では，閉鎖の話は聞いていないとのことであった。このように，Co.As.It. によるイタリアン・フォーラム文化センター購入の影響は，現時点では確認できていない。したがって，この施設の獲得が，ライカートでのイタリア系コミュニティの拠点の再構築につながるかどうかについては今後さらに調査を続けていく必要がある。　　　　　　　　　　　　　　　　　（吉田道代）

注

1　北欧やドイツからの移民については，出身国が英語圏ではないものの人種的にアングロ・サクソンに近いとみなされていた（Jupp, 1998：100）。

2　ライカートは，シドニー中心部からみて西に約5kmの位置にある。

3　ライカート市職員および Co.As.It. の職員への聞き取り調査に当たっては，調査依頼と日程調整について，自治体国際化協会シドニー事務所の協力を得た。また聞き取りの際には，同事務所の職員が筆者に同行している。イタリアン・フォーラムの運営事務局については，2009年にEメールによる調査依頼をしたが返信はなく，2014年9月のシドニーでの現地調査に際し，自治体国際化協会シドニー事務所を通じて再び調査依頼をしたが，聞き取り調査は実現できなかった。

4　イタリア生まれの人口および家庭におけるイタリア語話者についての都市圏別およびライカートの人口は，.id the population experts（2015d）のサイト（http://home.id.com.au）からデータを得た。

5　ライカートのイタリア系移民の歴史については，Solling and Reynolds（1997）に詳述されている。1970年代の同地区のイタリア系住民の居住分布と商業活動については，Burnley（2001）の研究を参考にした。イタリアン・フォーラム建設の経緯および開設当時の様子を伝える文献として，ライカート市役所から建設許可の申請書（Stafford Moor and Farrington PTY LTD., 1994），ライカート図書館からシドニー大学の学生による報告書（Davie, 2003）を得た。また，Widhyastuti（n.d.）からイタリアン・フォーラムの開設の経緯と2000年代前半の状況についての情報が得られた。ほかに，ライカートのリトル・

イタリーとしての本物らしさについて調査した Mura らの研究（Mura and Lovelock,
2009）においても，イタリアン・フォーラムについての説明がある。2014 年のイタリアン・
フォーラムの状況については，Sydney Morning Herald の新聞記事（Dumas, 2014）も参
照した。

6 近年イタリアで失業中の若者がオーストラリアの親族を頼って移住するケースが増えて
いる（Marchese, 2014）。2015 年現在，同国のイタリア系住民の年齢構成を大きく変える
ほどではなく，永住するかどうかも不明であるが，2011 ～ 14 年にかけてオーストラリア
におけるイタリア生まれの人口は増加に転じた。

7 2011 年におけるオーストラリア総人口（22,340,260 人）に占めるイタリア生まれ人口の
割合は 0.9% である。

8 メルボルンには，シドニーよりも規模の大きいイタリア系コミュニティがある。カール
トン（Carlton）地区は，1950 年代・60 年代にイタリアからの移民の集住地となり，同地
区のライゴン・ストリート（Lygon Street）沿いには多数のイタリア系経営者による店舗
が集まったことから，リトル・イタリーと呼ばれている。

9 2009 年 8 月に初めて筆者がイタリアン・フォーラムを訪れた際，空き店舗も出始めて
おり，新聞記事（Dumas, 2014）にあった「台湾からの団体客」に該当すると思われる観
光客はいたものの，全体として閑散とした印象があった。

10 顧客の減少の原因については，ライカート公立図書館の職員や Co.As.It. の職員への聞
き取りにおいて，イタリア系住民の減少や外部からの訪問者が駐車場を利用できなかった
ことなどが挙げられたが，いずれも推測である。なお，外部からの訪問者による駐車場利
用は 2013 年より可能となったが，状況の改善にはつながっていない。

11 以上，筆者の観察による。

12 こうした再生策の一環として，ライカート市役所は，2013 年より Renew Australia の「ラ
イカード再生計画（Renew Leichhardt Project）」に協力している（Leichhardt Municipal
Council, 2013）。これは，芸術や文化活動などに対し，空きスペースを無償で提供して市
街地の活性化を促す企画で，ニューカッスル（Newcasle）で効果があったことから，オー
ストラリア全国で展開されるようになった。イタリアン・フォーラムもこのプロジェクト
に参加しており，2014 年 9 月に空き店舗の 1 つに子ども向けの芸術ワークショップのス
タジオが開設された。

13 2014 年 9 月 12 日に聞き取りを実施した。

14 イタリア系コミュニティの中心あるいは拠点といった意味になる。

■■■ Column ⑤   吉田道代

多様性を活かした都市観光の推進 ■■■
─シドニーの事例─

　現在，世界の多くの都市が観光振興に力を入れており，地元住民の文化や
価値観，生活様式の多様性に焦点を当てた都市の宣伝が行われるようになっ
た。その中で，欧米諸国を中心に，移民やLGBT（レズビアン・ゲイ・バ
イセクシュアル・トランスジェンダー）住民の影響を受けた街の景観や活動
などが観光資源として注目されるようになった。

　オーストラリアの都市においてもこの傾向がみられ，特にシドニーにおい
ては，1970年代よりチャイナタウンの整備や文化行事の開催に自治体が積
極的に関与し，民族文化の多様性に着目した地域再生策や観光振興策をとっ
てきた。市政府は，特定の商業地区をもたない移民住民に対しても文化後援
活動を行い，シドニーでは，さまざまな移民コミュニティのフェスティバル
が開催されている。例えば，毎年12月には，ダーリングハーバー（Darling
Harbour）のタンバロン・パーク（Tumbalong Park）で，シドニー在住
の日本人が主催する「日本祭（Matsuri in Sydney）」が開かれている。こ
の催しは日本の縁日をイメージしたもので，書道や折り紙，茶道のワーク
ショップ，浴衣の着付け体験，空手の実演や太鼓演奏が披露され，屋台では
焼きそばやたこ焼き，抹茶アイスクリームなどの和食が販売される。タンバ
ロン・パークでは，トルコやインドの民族的イベントも毎年開催され，活気
ある街の演出に一役買っている。

　1980年代に入ると，シドニー市政府は，LGBT住民の政治活動を観光振
興策にとり入れるようになった。その中心が「シドニー・ゲイ・アンド・レ
ズビアン・マルディグラ」（Sydney Gay and Lesbian Mardi Gras）（以下，
「シドニー・マルディグラ」）である。2月初旬から3月初旬にかけての3週
間にわたるイベント期間中には，映画祭や若者向けのワークショップ，さま
ざまなパーティが催され，最終日にハイライトとなるプライド・パレード（デ
モ行進）が行われる。シドニー・マルディグラは，1969年にニューヨーク

シドニー・マルディグラのパレード参加者（2017年3月，吉田撮影）

のバー「ストーンウォール・イン」で起きた男性同性愛者（ゲイ）による暴動をきっかけに欧米に広がった同性愛者解放運動の一環として1978年に始められ，1990年代半ばにはデモ行進の参加者1万人，見物客60万人を集めるメガ・イベントとなった。現在，見物客はピーク時に比べて半減したものの，今でもシドニー最大規模のイベントである。シドニー市政府は，このイベントに助成金を出すほか，開催期間中には市庁舎の正面にLGBTのシンボルであるレインボー旗を掲げて性的多様性の尊重と歓迎の意を表している。1990年代半ばからは，ニュー・サウス・ウェールズ州政府も公的に支援するようになり，このイベントは州の観光案内のサイトでも紹介されるようになった。

　移民やLGBT住民のイベントに自治体という公的機関が協力することについては，オーストラリアが標榜する多文化主義の理念に合致するという政治的理由と，地元住民の消費の活性化や観光客が地元にもたらす経済的利益によって正当化されてきた。とりわけ，LGBT（特に男性同性愛者）については，活発な消費（飲食や嗜好品など）が注目され，住民としても観光客としても歓迎すべき人々とみなされている。しかし，こうしたイベントへの公的関与は，常に賛同されてきたわけではない。例えば，移民については，同

Column ⑤　多様性を活かした都市観光の推進　115

国出身であっても地域による文化の違いや言語・宗教などでコミュニティが
分断していることがあり，その場合には，誰のどの文化を表象すればよいの
かが問題となる。また，民族的な特徴や性的指向性の違いを際立たせること
で，主流を中心とする階層的構造やそこでの移民や同性愛者の周辺的位置づ
けを固定・強化してしまう恐れもある。これに加えて，世界のほとんどの大
都市で移民の受入れによる多民族化が進み，LGBT 関連のイベントが増え
た結果，これらのイベントはもはやシドニー特有とはいえなくなった。都市
における住民の多民族化や性的な多様性が特別視されなくなった現在，これ
を強調するような観光振興のあり方は見直されるべき時期にあるのかもしれ
ない。

VII キャンベラのエスニック・タウン

―キャンベラにおける華人社会の空間構造―

1 オーストラリアにおける中国系移民

　中国からの移民は，19世紀半ばからオーストラリアに多く移住していたが，白豪主義による人口減少の時期を挟み，1980年代から増加に転じている。その傾向は2000年以降特に顕著で，2006～10年の5年間で44,000人から80,000人へと1.8倍に増加した。

（1）オーストラリアへの中国人移民過程

　1842年，南京条約によって中国では上海，寧波，厦門，広州，福州の港が開港され，多くの中国人が契約労働者としてこれらの港から海外へと渡った。時期を同じくしてアメリカやオーストラリアでゴールドラッシュが始まり，中国の開港地から大量の移民を輩出するきっかけとなった。

　ゴールドラッシュ以前におけるオーストラリアへの中国人移民は，民間業者やオーストラリア農業会社（Australian Agricultural Company）と契約を結んだ農園や牧場での年季契約労働者であった。これらの労働者は多くが福建省厦門から渡航してきた者たちである（Jack, 2001：49）。中国人労働者の増加の背景には，イギリスがオーストラリアへの流刑を廃止したことにより，囚人に代わる労働力が必要になったことも挙げられる。1851年の金鉱発見以後，ニュー・サウス・ウェールズ州（New South Wales，以下NSW州）とヴィクトリア州では自由移民が増え，中国系移民も増大した。

　ゴールドラッシュ以降，NSW州やヴィクトリア州に移民した中国系移民は，

広東省の珠江周辺出身者が多かった（Choi, 1975：18）。その後の移民はチェーン・マイグレーションにより，この地域からの出身者が増加した。中国系住民の人口はNSW州で1856年3月の1,806人から1861年国勢調査では12,986人に増加した。またヴィクトリア州では1854年の2,341人から1855年初めには10,000人を超え，1855年半ばには17,000人に，1857年には25,424人に達した。1859年には少なくとも42,000人の中国人が居住し，そのほとんどは成人男性であった（Choi, 1975：19）。

　この時期における中国人の主要な居住地はシドニーやメルボルンなどの都市ではなく，金鉱など鉱山周辺の町や村であった。小規模な地域での中国人の増加は，白人社会における「異分子」を可視化し，中国人・有色人種排斥へとつながった。[1]

　増加する中国人を憂慮した各植民地は「ある特定の移民」に対する規制を敷くようになる。1855年6月，ヴィクトリア州では入港する各船舶10トンにつき中国人は1名に制限し，また到着時には10ポンドの税金を課した（Yarwood, 1968：20）。これがオーストラリアにおける中国人入国制限に関する最初の法律であった。NSW州でも1861年に同様の中国系移民の制限に関する法律が発効し，その結果，中国人人口は1861〜71年の間にNSW州では5,800人，ヴィクトリア州では7,000人減少した。同時期にヴィクトリア州とNSW州でのゴールドラッシュが一段落したこともその要因の1つである。クイーンズランド州で1870年代，西オーストラリア州で1890年代に金鉱が発見されると，中国人労働者はこれらの地域で増加したが，当初中国人労働者の受容に寛容であったこれらの州でも，白人と中国人との対立が強まり，移民規制への動きが強まった。

（2）白豪主義政策：1901〜70年頃

　1888年の中国人移民制限法制定により中国人人口は減少していった。1901年連邦成立当時29,627人（全人口比0.78％）だった中国系移民の人口は，1921年には17,157人（同0.31％），1947年には9,144人（同0.12％，このうち41％はオーストラリア生まれ）に減少した（Choi, 1975：42）。この人口減少は流入人口の減少以上に，出国者の増加を示している。移民制限下でもオーストラリアへの中国人の入国は年間1,000〜3,000人程度あったが，1910年代以降

はほぼ毎年出国者が入国者を大幅に上回ることになった（Choi, 1975：42）。もともと金鉱などでの労働者は契約による年季労働者であったので，一定期間が過ぎれば帰国する者が多かったのである。

しかし，1936年の日華事変と太平洋戦争勃発後は，多くの避難民がオーストラリアへ移住した。その中には中国人船員で帰国を拒否した者，香港や太平洋諸島から日本に占領される前に避難してきたものが含まれた（Williams, 1999：7）。

第二次世界大戦後，労働力が著しく欠乏したオーストラリアでは，労働人口確保のため，外国からの移民導入計画を策定したが，依然アジアからの移民は制限されていた。1950年代になるとコロンボ・プランによりオーストラリアでも発展途上国からの留学生を受け入れるようになり，地理的近接性から特に東南アジアから多くの留学生を受け入れた。そのため1950年代以降の中国系移民は東南アジア（マレーシア，シンガポール，インドネシア，ベトナム）からの華人留学生がその多くを占めることになった。1950〜70年代は中国大陸からの移民が停滞し，東南アジアの中国系移民が増加した時期である。

(3) 多文化主義政策：1970年代以降

1970年代以降，白豪主義の撤廃と多文化主義政策の導入という政策転換により，アジア系移民が増大していく。中国系移民に関しては1970年代におけるベトナム・カンボジア難民受入れをはじめとして，1980〜90年代には，香港・台湾からの経済移民が増大した。さらに1989年の天安門事件以降には，中国大陸からの移民が急激に増加していくことになった。その背景にはオーストラリア政府が天安門事件発生を受けて中国人留学生に対して永住ビザを発行したことがある。学生としての在留期間終了後もオーストラリアにとどまる中国人留学生も多かったため，中国籍移民の人口は増加した。2001年以降その人口はさらに急速に増加していることがわかる（**図7-1**）。

以上みてきたように，オーストラリアにおける中国系移民は，白豪主義の時代を除いてはオーストラリア社会において，「マイノリティの中のマジョリティ」としての位置を占めてきたが，近年は，人口構成上でも社会経済および政治上でもその存在感が増している。

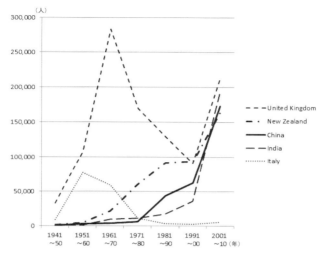

図 7-1　オーストラリアにおける移民の推移
（オーストラリア統計局のデータをもとに作成）

2　キャンベラにおける華人社会

　オーストラリアの大都市には数多くの中国人コミュニティがあり，チャイナタウンが形成されている。その基盤は，ゴールドラッシュ時の大量移民を契機に形成されたものである。ゴールドラッシュは各州において20年程度で終息し，その後，都市型の職業，すなわち家具職人，市場菜園経営・労働者，調理人，漁業，洗濯屋，商店経営，貿易などに従事する者が増加した。市場菜園は特に都市近郊でさかんになり，1885年，シドニーでは54の中国人の市場菜園があり，1901年にはNSW州の67％の市場菜園従事者を中国人が占め（Australian Heritage Commission, 2002：A12），中国人労働者が従事する職業のうち35％は市場菜園従事者であった（Choi, 1975：31）。

　海外に居住する中国人＝華僑・華人は，そのコミュニティの結束の強さ，ネットワークの強さを特徴とする。オーストラリアでも初期の中国系移民は同族や同郷，地域などの単位でコミュニティを形成し，相互扶助を図った。先述のよ

うに，もともと中国から移民する際には，同郷者がともに渡航し，先に渡航していた同郷者に合流するチェーン・マイグレーションを行っていたため，移住当初はそうした同郷者同士でのコミュニティ形成がなされた。例えば広東省の潮州出身者の「潮州同郷会」，福建省福州出身者の「福州同郷会」などがある。現在シドニーやメルボルンのチャイナタウンには，広東省の4地区（新會，台山，開平，恩平）を合わせた同郷会「四邑同郷会」が存在している。

　本章では，ゴールドラッシュ時からの長い中国人コミュニティ形成の歴史をもつシドニーやメルボルンとは異なるコミュニティ形成過程をたどった首都キャンベラの中国系移民のコミュニティ形成の特徴を考察し，その社会空間構造の変化について検討していきたい。

（1）キャンベラにおけるエスニック構造

　まず2010年のデータからキャンベラにおけるエスニック構造をみると，中国およびインド出身者の移民の人口割合が他都市に比べて高いことがわかる。オーストラリア全土，メルボルン，シドニーをはじめ他の州都においてはイギリス出身者に次いでニュージーランド出身者やイタリア出身者が多いのに対し，キャンベラでは中国およびインド出身者の割合が高い特徴がある（**表7-1**，**図7-2**）。

表7-1　キャンベラにおける出身地別人口割合（2011年）

出身国	キャンベラ		全国
	（人）	（%）	（%）
Australia	254,622	71.4	69.8
United Kingdom	13,030	3.7	4.2
China	6,572	1.8	1.5
India	5,879	1.6	1.4
New Zealand	4,369	1.2	2.2
Vietnam	2,957	0.8	0.9
その他	69,157	19.5	20
キャンベラ総人口	356,586	100	100

（オーストラリア統計局のデータをもとに作成）

VII キャンベラのエスニック・タウン　121

　中国系移民は，中国，香港，台湾出身者だけでなく，マレーシア，シンガポール，インドネシア，ベトナムなど華人人口の多い東南アジア出身者なども含み，多様性に富むことが特徴である。これら中国系移民について出生地別の割合を

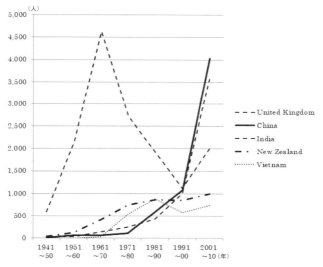

図7-2　キャンベラにおける移民の推移
（オーストラリア統計局のデータをもとに作成）

表7-2　キャンベラにおける華人出身地別人口の推移

出身国	1971年以前	1971〜80	1981〜90	1991〜2000	2001〜10	計（人）
中国	145	110	592	1,088	4,032	5,967
香港	106	175	380	320	338	1,319
マレーシア	275	359	518	202	660	2,014
ベトナム	36	541	884	575	734	2,770
シンガポール	98	141	142	95	353	829
台湾	9	22	54	74	159	318
インドネシア	92	64	116	140	473	885
計	761	1,412	2,686	2,494	6,749	14,102

（馮（2014）をもとに作成）

みると，1971 年まではマレーシア系華人，その後ベトナム系華人が増加し，1991 年からは中国大陸出身者が増加している（**表 7-2**）。これは前節でみたように，1950 年代からはコロンボ・プランによるマレーシアなど東南アジアからの留学生が多く，1970 年代からはベトナム難民，天安門事件後の 1990 年代からは中国からの移民が増加していったオーストラリアの全国的動向と同様である。

（2）キャンベラにおける華人社会の形成

1）華人団体の創立

キャンベラにおける華人人口は，1970 年代に至ってもなお 700 人程度にとどまり[2]，華人団体を組織するほどの人口規模ではなかった。華人人口が 1,500 人を超えた 1980 年には Canberra Chinese Club が設立され，華人同士の連携や華人子弟への中国語教育，定期的なコミュニティ活動が行われるようになった[3]。Canberra Chinese Club は正式な華人団体として登録されてはいなかったが，キャンベラの民族団体理事会である ACT Ethnic Community Council に属した最初の華人団体であった。最初に正式に組織された華人団体は ACT Chinese Australian Association（ACTCAA，堪培拉澳華会）で，1988 年のことである。

1990 年代，中国大陸からの移民が増加すると次々に新たな華人団体が設立された。キャンベラ上海会（堪培拉上海会），キャンベラ北京会（堪培拉北京会），キャンベラ中国学生学者聯誼会（堪培拉中国学生学者聯誼会），キャンベラ中華文化協会（堪培拉中華文化協会）など，いずれも大陸出身者が主体の団体組織である（馮編，2014：322）。また既存の諸団体においても大陸出身者の占める割合が高くなっていった（馮編，2014：322）。

2）華人団体の機能

2014 年現在，キャンベラには華人団体は 19 団体設立されている。これらの華人団体を統括する団体が Federation of Chinese Associations of Australian Capital Territory（澳太利亜首都華人社団聯合会，FCAACT）である。2001 年に成立したこの団体の目的は，①華人コミュニティの団結と共同利益を追求すること，②各コミュニティ同士が一致賛同した活動の展開，③コミュニティ間の調和と協力関係の促進，④コミュニティ間の重要問題についての定期的な

意思疎通と協議，⑤オーストラリア政府の政策・計画に対して，異なる文化背景をもつ華人コミュニティと個人に対して諮問を進め，政府に対応し，オーストラリア社会に貢献することである（馮編，2014：324）。同会会長の Chin Wong（黄陳桂芬）女史によれば，キャンベラにある華人団体のすべてはこの FCAACT に属することが原則となっている。このように全華人団体を統括する組織が存在する都市は，オーストラリアにおいては唯一キャンベラのみである。

華人団体の機能について，キャンベラで最初に設立されたコミュニティ，ACTCAA に焦点を当ててみていきたい。

1980 年代末におけるキャンベラの華人社会は，小さなグループは存在していたものの，まとまった組織が存在していなかったため，華人社会の声は，多文化主義のオーストラリア社会にありながら，「無言であり存在してこなかった[4]」という状況があった。そこで，経済的，政治的，職業的，社会的階層に関係なく，個人的な利害を超えたキャンベラの華人社会全体を代表する組織が結成されるに至ったのである。それが ACTCAA である。

ACTCAA は，1988 年 6 月 26 日香港出身の黄樹樑氏を会長に設立された。現在の会員数は家族も入れて約 150 名である[5]。設立当時の会員の主な出身地は香港，東南アジア各国および中国広東地区であり，大陸出身者はまだ少数であった。

同会の設立趣旨は，①中国文化の促進と奨励，②華人のオーストラリア的生活様式・社会への統合促進，③キャンベラの華人コミュニティの福利と権益の増進，④新移民へのサポートの提供，⑤目的を共有する既存の団体やグループと彼らの本来の背景や目的を逸脱することなく提携，連携，交流し一層の融合を図ること，としている[6]。

ACTCCA は団体組織としてのガバナンスが確立されており，会長は毎年会員による選挙で選ばれ，会長の下に副会長（2 名），財政委員，秘書，常任委員（10 名）と顧問により委員会が形成されている。

創立当初の活動としては，会員間の親睦を図ることのほか，中国文化の推進を目的として中国の芸術作品の展示や公演を行ったり，新しく移住した華人へのサポートを行うことであった。設立の翌年（1989 年）に天安門事件が発生し，

その後急速に増加した中国からの新移民への援助がしばらく重要な活動として続いた[7]。

その一方，1990年に政府からの補助を受け，一般向けの中国語会話教室を開始したほか，中国文化プロモーションの一環としてドラゴン・ボート大会を開催するようになった。ドラゴン・ボート大会は市民の関心を多く集め人気のイベントとなったが，開催に際する人的・財政的コストが膨大だったため4年で終了した[8]。また，1994年からは週1回の広東語のラジオ放送を開始し，ボランティアによる放送は現在でも続いている。

ACTCAAは政府の多文化政策にも関与し，2002年からその事務所は，キャンベラ市政府のマルチカルチュラルセンター（Theo Notaras Multicultural Centre）内に置かれている。Wong会長によれば，実際にオーストラリア政府およびキャンベラ市政府の教育関係の事業などに関して，コンサルティングを行ったり，キャンベラの小学校における多文化教育支援などを行っているという。

一方，会員向け事業としては月1回ピクニックやパーティ，バス旅行，オペラ歌唱大会，カラオケ大会などが開かれている。毎回20〜30人の参加者が集り，特に高齢のメンバーが積極的に参加している[9]。

またメンバーの高齢化に対応するため，ACTCAAでは2007年にオーストラリア政府のAustralian Government Department of Health and Ageing under the Community Partners Programの基金を得て「キャンベラ 華人高齢者ケア情報および紹介サービス事業（ACT Chinese Aged Care Information and Referral Service）」を開始した。2012年にもAged Care Service Improvement and Healthy Aging Grants Fundを獲得して事業を継続している。その主要な活動は，華人コミュニティ向けの高齢者ケアサポートプログラムおよび在宅老人医療に関する最新かつ適切な情報提供である[10]。具体的には，電話での高齢者ケアに関する問い合わせへの対応，民間，政府，コミュニティのケア事業への紹介，またこの事業に関係する人材育成などであり，いずれも中国語によるサービスがボランティアで行われている（**図7-3**）。

これらのサービスに加え，高齢者向けに多くのプログラムが提供されている。カラオケは2000年頃から毎月の活動として行われていたが，2009年からは

図7-3 キャンベラにおける高齢者ケア情報と紹介サービスブックレット
（ACT Chinese Aged Care Information and Referral Service のデータをもとに作成）

太極拳，カラオケ，ダンス，英語クラスなどが毎週火曜日に開かれている。これらのクラスの後には麻雀やコーラスグループが活動を行っている。

設立以来，キャンベラ中心部の Civic でこれらの活動が行われていたが，郊外に住む高齢の参加者にとって Civic まで出かけるのは交通が不便なため，近年は新興住宅地のタウンセンターであるガンガーリン（Gungahlin）のレイダース（Raiders Gungahlin）[11]で，毎週水曜日に開催されるようになった。参加費はランチ付で8豪ドル（約720円）[12]で，毎週平均60人が参加し，City Centre（Civic）で開催されていたときより参加者も増え好評だという[13]。これらの活動はいずれもメンバー以外の人々も参加可能となっている。

キャンベラの華人社会では現在，移民1世の世代で高齢化が進行している。最も古い華人団体である ACTCAA は，家族呼び寄せプログラムで来豪した親世代の高齢化，加えて創立当時のメンバーも高齢化したことから，高齢者向けのプログラムの充実化を図っている。

(3) キャンベラ華人コミュニティの特徴

キャンベラには1988年以降，20近い華人コミュニティが形成されてきた[14]。これらキャンベラにおける華人コミュニティの特徴について，ここでは考察していく。

キャンベラの華人コミュニティの特徴としてまず挙げられるのは，「完備性」である。キャンベラにある華人団体は，同郷会，学生会，総合サービス型団体，商会，中国語教育機構，ニュース機構，同業者組合などさまざまな団体が結成され，これらは華人コミュニティのあらゆる方面での需要を網羅するものである。

第2に「凝集性」，すなわち華人団体間の緊密な紐帯と協同活動である（馮編，2014：323）。キャンベラの主要華人コミュニティの代表が集結し，キャンベラの全コミュニティを統括するFCAACを結成したことは先に述べたが，新年の祝賀行事やマルチカルチュラル・フェスティバルの開催などに関して意見交換を行い協力して実施しているほか，首都キャンベラを訪問する中国要人の接待や災害援助や重要な国際的活動などに積極的に関与し，オーストラリアと中国政府間交流や民間交流の促進を図るなど，必要に応じて集結し協力し合う姿勢がある[15]。

第3の特徴は，会員の職業的専門性の高さと政府との密接な連係である。上記のようにキャンベラの華人団体の完備性と凝集性が高いのは，各コミュニティリーダーの主導意識が高いためといえる。その背景には，キャンベラ在住華人には国家公務員や専門職に従事する者が多いことが挙げられよう。こうしたメンバーを介して政府と華人コミュニティ間にきわめて密接な関係が形成されているのである。すなわち政府の政策や行政に詳しい華人が多く，マルチカルチュラリズムに関連する活動の展開や資金申請に豊富な経験があること，また少数民族コミュニティの発展を目指す政府の多民族政策の下で，コミュニティと政府の利害が一致していること，首都という立地優位性から財的資源を獲得しやすいためである（馮編，2014：322）。

こうしたキャンベラ華人社会の完備性と凝集力の高さは，キャンベラの産業構造と政策環境とも密接に関係している。次章では，キャンベラの都市構造と華人社会の空間構造との関係について考察していく。

3 キャンベラの都市構造と華人社会空間構造

(1) キャンベラの都市的特性と都市構造

　キャンベラの華人社会の特徴は，キャンベラの都市としての特性と深く関連している。1つはキャンベラが都市としての歴史が浅い新興都市であること，もう1つは首都であることである。

　キャンベラの都市形成は首都として選定された1911年に始まる。1901年のオーストラリア連邦建国後，シドニーの南西約300kmに位置するキャンベラが首都として選定された。都市建設に当たって，1911年に都市計画案の国際コンペによる募集が行われ，その結果，田園都市計画の影響を受けたアメリカ人のウォルター・バーレー・グリフィンの案が選ばれた。1913年から首都の建設が始まったものの，2度にわたる世界大戦や世界恐慌による財政難，また

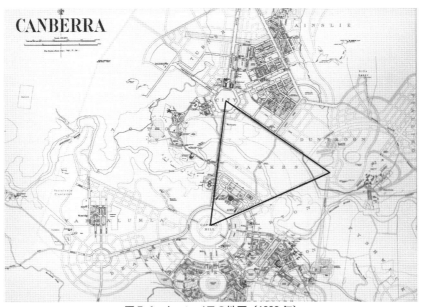

図7-4　キャンベラの地図（1933年）
（図中の△が「ナショナル・トライアングル」）
（国立図書館所蔵地図に筆者加筆）

都市計画担当の委員とグリフィンとの意見対立などでその建設はなかなか進まなかった。国会議事堂が完成し，政府がキャンベラに移ったのが1927年，その時点でも人口は9,000人弱であった。首都建設が本格的に始まったのは1960年代に入ってからである。

　グリフィンによるキャンベラの都市構造の特徴は，都市中央に位置する人工湖を挟み，市を南北に分けている。北側には商業施設や住宅，大学などを置き，市民生活・経済的機能を集約したCivic，南側に政治的中心となる国会議事堂や国立図書館，各省庁，大使館などの政治的機能を集約させたCapital Centreを置いた。湖を挟んで位置するCity HillとCapital Hill，さらに湖北側に建設された戦争記念館(Russell)の3地点を結ぶ正三角形のラインを「ナショナル・トライアングル」とし，この中に国家の重要な施設を集約させたのである（図7-4）。

　また郊外には過密化を防ぐため中心部から約10〜20 kmごとに住宅地区

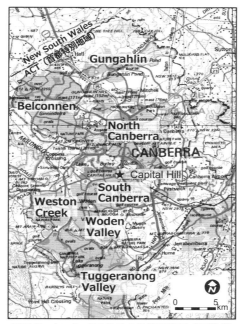

図7-5　キャンベラの7つの住宅地区（口絵8）
（Geoscience Australia, NATMAP Digital Mapsにより作成）

（Residential Districts）および商業的・社会的中心となるタウンセンターを置き，都市機能の分散化を図った。各住宅地区はさらにサバーブ（Suburbs）に細分化され，2015年現在，7つの住宅地区があり各地区に8～25のサバーブが置かれている。最も古い地区はグリフィン湖に接する1925年に建設に始まったキャンベラ・セントラル（North Canberra & South Canberra）地区である。最も新しい地区は2010年に計画が始まったモロングロ・バレー（Molonglo Valley）だが，2014年時点ではまだ開発が進んでいない。現在，新興地区として最も開発が進んでいるのが1990年代に開発が始まった北郊のガンガーリンである（**図7-5**）。ガンガーリンは市の中心部から北に約10 kmに位置し，その人口は，2001～11年の10年間で23,098人から46,971人に倍増し，標準中国語を話す人口も10年間に3.2%増加した。ガンガーリン地区における中国籍人口が占める割合は6.8%となっており，キャンベラ全体における中国籍の割合1.8%，全国における割合1.5%に比べ，中国籍人口の占める割合が高い地区となっている。

　このようにキャンベラは，都市建設が始まってまだ1世紀の歴史の新しい新興都市であることが民族の居住分布，さらには華人の完備性，凝集性の高さに影響を与えているといえる。

　また首都であるキャンベラは，都市機能が政治・行政機能に特化した都市である。この都市機能もキャンベラの華人社会の特徴を規定している。

　2011年における就業構造は，中央行政官庁関係が20.1%，防衛関係が5.7%，

表7-3　キャンベラの主要産業別人口構造（2011年）

職　業	キャンベラ		全国
	（人）	（%）	（%）
中央官庁行政	39,307	20.1	1.3
防衛関係	11,214	5.7	0.7
カフェ，レストラン	7,587	3.9	4.1
初等・中等教育	7,240	3.7	4.6
高等教育	7,237	3.7	2.0

（オーストラリア統計局のデータをもとに作成）

初等・中等教育関係が 3.7％，高等教育が 3.7％となっている（ABS, 2011）。全国と比較して政府関係従事者および高等教育関係従事者が明らかに高い（**表7-3**）。国家行政機関，大使館，軍関係機関，研究機関，国立大学などの立地により高所得層が多く，その一方で低所得な学生も多いことも特徴で，社会階層が二分されていることが首都キャンベラの人口構造の特徴となっている。

（2）華人社会とキャンベラの都市構造

　上に述べたキャンベラの都市的特性を反映し，華人社会の社会階層も公務員および専門・技術職に従事する高所得者層と学生（留学生）に分かれる。そこで華人の出身地別の居住地域について，標準中国語を話すグループと広東語を話すグループに分けて検討していく。出身地については家庭で話す言葉によって分類する。広東語を話すグループは，来豪年が古く，キャンベラ居住歴の長い香港出身者や東南アジア出身華人が多い。一方，標準中国語を話すグループは 1990 年以降増加した，相対的に居住歴の短い中国大陸出身者が多いと考えられる。

　まず標準中国語を話すグループの分布をみると（**図 7-6**），キャンベラ北部のガンガーリンに集中していることがわかる。ガンガーリンは，前述のように，1990 年代に開発の始まった新興住宅地区で，現在も開発が続いている。ガンガーリン周辺には，標準中国語を話すグループのうち，高所得層（世帯収入週1,000 豪ドル以上）が多いことがわかる。このように，キャンベラ居住歴の短い標準中国語を話す高所得者が戸建ての居住地を選好する場合，人口密度も家賃・住宅価格も高い中心部の住宅地区よりも，家賃・住宅価格が中心部に比べ安いガンガーリンを選好したものと考えられる。また，キャンベラの北端に位置するガンガーリンは，シドニーに車で行く場合に便利であることも，居住地として好まれる理由の 1 つである[17]。

　また広東語を話すグループは，キャンベラの中心部キャンベラ・セントラル地区に比較的集中している（**図 7-7**）。キャンベラ・セントラルは，最初に開発が進んだ住宅地区であり，移住時期が比較的早かった香港・広東省出身者が居住地として選好した地区であったと考えられる。1960 年代に移住してきた華人の多くは，国立大学や研究機関で働く教員や研究者が多く[18]，大学や研究機関が立地するキャンベラ中心部に居住する傾向があったことがうかがえる。

Ⅶ　キャンベラのエスニック・タウン　131

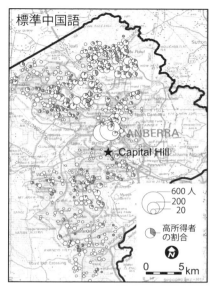

図 7-6　キャンベラにおける標準中国語を話す人口の分布（2011 年）（口絵 9）
(Geoscience Australia, NATMAP Digital Maps およびオーストラリア統計局のデータをもとに作成)

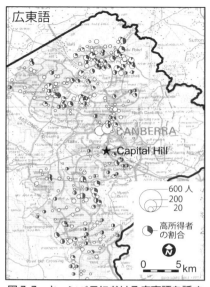

図 7-7　キャンベラにおける広東語を話す人口の分布（2011 年）（口絵 10）
(Geoscience Australia, NATMAP Digital Maps およびオーストラリア統計局のデータをもとに作成)

　広東語を話すグループの高所得者層は，キャンベラ全域に分布している。来豪年が早く，その後毎年順調に増加していった広東語を話す華人は，キャンベラの都市としての成長と人口拡大が同調し，来豪したときに新興開発地であった地区に順に居住していったと考えられる。その結果，キャンベラ全域に居住地が広がったと考えられる。
　一方，中～低所得者層の居住地分布をみると，標準中国語を話すグループも広東語を話すグループいずれもキャンベラ中心部に集中している。これはオーストラリア国立大学（ANU）が立地し，学生向けの住宅が多く分布しているためである。
　キャンベラにおける華人社会が作り出す都市構造は，出身地によりまた収入によって明確な居住分化がみられる。来豪年の比較的早い広東語を話す華人は，古くから開発されたキャンベラ中心部に多く居住し，来豪年の遅い標準中国語

を話す華人は，郊外の新興開発地区に居住する傾向が明らかとなった。特に1998年から開発が始まった北部の新興住宅地区であるガンガーリンは，新移民の居住地として人気が高い。そのため華人をはじめアジア系住民の人口割合が高く，アジア系レストランや雑貨店などが最近増加している。

4 おわりに

　キャンベラにおける華人社会は，文化背景などを異にする華人団体同士が相互に連携・協力し，華人コミュニティとしてゆるやかに1つにまとまり，オーストラリア社会との交流を行っていることが最大の特徴といえる。

　華人団体のコミュニティ活動としては，華人同士の親睦・交流，福利権益の増進や中国文化の促進，華人社会とオーストラリア社会の交流，新移民のサポートなどのほか，近年では，移民1世の高齢化に伴い，高齢者向けサービスが充実してきている。政府からの補助金やサポートを活用し，高齢者ケアにおいては他のエスニック団体に比べ格段に充実したサービスが提供されている。その一方で，華人子弟のための学校も1990年以降に数校設立され，その生徒数も2000年以降急速に増加している。しかし若い世代のコミュニティ活動への参加が少ないことが，キャンベラ華人コミュニティにおける最大の問題だとACTCCAのWong会長は憂慮している。若い世代をいかにコミュニティ活動に組み込んでいくかが現在の課題であると語る。

　キャンベラの華人社会は政府・行政関係者，外交官，教育・研究専門職などに従事する高所得層と留学生を中心とする低所得層に社会階層が二分されていることもキャンベラの地域性を反映した特徴である。言い換えれば，職業としては上記以外に職業選択の余地は少なく，したがって職が定まらないままキャンベラを居住地として選好する移民は，きわめて少ないといえる。そのような移民はキャンベラではなく他都市を居住地として選ぶのである。

　またキャンベラが新興都市であり，都市機能が政治・行政機能に都市機能が特化した首都であることも，キャンベラの華人社会の性格を規定している。つまり華人を含めた移民がキャンベラを居住地として選択する理由は，明確な「在留資格」をもっていることを前提とする。そのため，同郷者によるチェーン・

マイグレーションもあまりみられない。本章で明らかにしたように，キャンベラにおける華人社会の空間構造は，エスニックな居住分化ではなく，来豪時期および社会階層によって居住分化がなされたのである。

　このような華人社会の状況を反映し，キャンベラにはチャイナタウンが形成されていない。エスニック・タウンとしては市中心部から北3kmほどに位置するディクソンに，チャイニーズ・レストランのほか，多様なエスニック料理店・雑貨店が立地している。エスニック・タウンとしてのディクソンは，キャンベラにおける華人社会構造のゆるやかさのみならず，多文化構造のあり方をも示しているといえる。 　　　　　　　　　　　　　　　　　　（葉　倩瑋）

注

1　急速に増加する中国人労働者に Goldfield Commission が，白人労働者に対して中国人に関する意見を聴取した。その報告によれば，中国人は配偶者や家族を伴わないため，社会で有利な立場には立つことはできないだろう，といった意見がみられ，この時期における中国系移民に対する反感は「民族的優越感」よりも経済的な問題や文化的差異に起因するものであったといえる（Choi, 1975：20）。

2　当時のキャンベラの人口は14万人程度であった。

3　ACT Chinese Australian Association 現会長 Chin Wong（黃陳桂芬）女史への聞き取りによる（2015年2月）。

4　ACT Chinese Australian Association Newsletter 1 p.1, August 1988.

5　前掲注3に同じ。

6　前掲注3に同じ。

7　前掲注3に同じ。

8　前掲注3に同じ。

9　前掲注3に同じ。

10　ACT Chinese Aged Care Information and Referral Service HP（2015年4月30日最終閲覧）http://actcaa.org.au/actcacis/about_01.html

11　キャンベラに本拠地を置くラグビーチーム「レイダース（Raiders）」のガンガーリンにあるクラブハウス。

12　2017年10月末日時点でのレート。

13　前掲注3に同じ。

14　前掲注3に同じ。

15　前掲注3に同じ。

16　キャンベラの国会議事堂の完成まで，国会はメルボルン（現在のヴィクトリア州議事堂）に置かれていた。

17　ガンガーリン在住の韓国人男性への聞き取りによる（2015年2月）。

18　前掲注3に同じ。

■■■ **Column ⑥**　　　　　　　　　　　　　　　　葉　倩瑋

アウトバックの中国人

ミーカサラの中華料理店
（2013 年 9 月，葉撮影）

　　西オーストラリア州の州都パースの北東 670 km にミーカサラ（Meekatharra）という町がある。内陸の砂漠地帯に位置する人口 1,377 人（2011 年国勢調査）の小さな町で，日常雑貨などが買える最寄りの町ニューマン（Newman）まで，約 400 km という，まさに"in the middle of nowhere"（どこからも遠い辺鄙な場所）にある。2013 年，パースからポートヘッドランドまで内陸を 5 日間かけて車で走破した際，パースを出発して 2 日目に，このミーカサラに立ち寄った。昼食をとろうと見渡すと，レストランらしき店は 1，2 軒しかない。そのうちの 1 軒，ミーカサラ・ホテルに入ると，そこは中華料理店だった。

　　注文を取りに来たのは，若い中国人女性で，夫婦で 2 年前から店を経営しているという。以前はシドニーで働いていたのだが，ミーカサラ・ホテルの経営者募集の広告をみて，応募したのだと話してくれた。シドニーの方が暮らしやすいし，楽な仕事もあるのに，なぜこんな辺鄙な場所に来たのか尋ねると，一言，「Good Money!」という答えが返ってきた。私たちが食事を

Column ⑥　アウトバックの中国人　135

ミーカサラの中華料理店の経営者
（2013 年 9 月，葉撮影）

している間，アボリジニの若者が次々とビールを買いに店に来ていた。ちょうど給料日の後なので，特に客が多いとのことだった。ミーカサラの住民の32.9%は，アボリジニ（2011 国勢調査）で，彼女によれば，ビールを買いに来るのはほとんどアボリジニの住民だという。アボリジニと通りがかりの大型トラック運転手を相手に，商売繁盛しているそうだ。こんなところにも中国人がいるのか，と感心していると，彼女が「ほら，あそこにいるのは台湾から来た人たちよ」と，店の外を歩く数人の若者を指差した。彼らは，ワーキングホリデーで滞在し，間もなく帰国するのだという。西オーストラリアのアウトバックで中国人に出会うとは，思いがけないことだった。

　そこでふと，ニュー・サウス・ウェールズ州ブレイドウッド（Braidwood）にあった中華料理店のことを思い出した。ブレイドウッドは首都キャンベラから約 60 km 東に位置する，人口 1,500 人ほどの町である。ブレイドウッドから 16 km 南にあるメイジャース・クリーク（Majors Creek）に友人が住んでいたので，キャンベラのオーストラリア国立大学留学中，よく訪ねた。メイジャース・クリークは，1850 年頃からゴールドラッシュで栄え，一時 7,000 人まで人口が増大したが，現在は人口 220 人の小さな村である。一方，ブレイドウッドは，メイジャース・クリークなど周辺でのゴールドラッシュによって発展し，1871 年には人口 1 万人を超える都市へと成長した。19 世

紀末にゴールドラッシュが終息し人口は激減したが，ブレイドウッドは今も，学校，病院，警察，スーパーなど中心機能を備えた町となっている。

　そのメインストリートに，2000 年頃まで 1 軒の中華料理店があった。週末にしか開店しないこの店に，一度だけ行ったことがある。私たちのほかに客はなく，ひっそりと食事をしたが，美味しかったことを覚えている。この店は，代々この地に住む中国系移民のノムチョン（Nom Chong）家が経営していた。1870 年当時，ブレイドウッドには 1,500 人の中国人が居住していたが，1920 年代以降は，唯一ノムチョン家だけとなっている。

　初代のチードック（Chee Dock）は，先に移住していた兄を追ってオーストラリアに渡り，1877 年に兄とともにブレイドウッドに雑貨店を開いた。兄の死後，地域最大規模に店を成長させたチードックは，ビジネスに失敗したときでさえも，橋の建設やイベント開催など，地元への寄付を惜しまなかったという。チードックが亡くなったときには，「あらゆる意味で善良な市民であり，あらゆる面で町の発展に貢献した」と称えられ，また 1977 年には，ノムチョン家ブレイドウッド在住 100 周年の祝賀会が町を挙げて開催された。今も電器店を経営するノムチョン家は，この地域の歴史の 1 ページを彩っている。

　しかし，ノムチョン兄弟がブレイドウッドに定住し始めた頃，隣のメイジャース・クリークの金鉱では，白人労働者が中国人労働者排除の嘆願書を出すなど，中国人を取り巻く環境は過酷をきわめていた。さらに白豪主義がそれに追い打ちをかけた。こうした圧倒的な白人優位の風潮の中，地域社会に根を下ろし，一市民として生きた中国人が，ノムチョン兄弟だけではなく，オーストラリア各地の "in the middle of nowhere"（辺鄙な場所）にいたのである。おそらく，彼らが刻んだ歴史が，のちのオーストラリアにおける多文化社会形成への確かな礎となったのであろう。

　白豪主義の嵐が吹き荒れる時代に，オーストラリア社会で生き抜き，生活基盤を築いてきた多くの中国人パイオニアからみれば，西オーストラリア州のアウトバックで中華料理店を営む若い中国人夫婦は，ずいぶんと恵まれた環境にいるのかもしれない。そんなことを，砂漠の真ん中で本格的な中華料理を食べながら考えていた。

VIII アデレードのエスニック・タウン

―アデレードにおけるベトナム系住民の分布とその特徴―

1 はじめに

　近年，オーストラリアではアジア化が進んでいる。都市の内部やその郊外にはアジア系のエスニック・タウンが生まれ，都市の空間構造も変化しつつある。2011 年のセンサスによると，アジア系移民は全人口の 8.7％に及んだ。外国生まれ人口では約 3 割を占め，中国（31.9 万人[1]，イギリス，ニュージーランドに次いで 3 位），インド（29.5 万人，4 位），ベトナム（18.5 万人，6 位），フィリピン（17.1 万人，7 位）の 4 か国が 10 位以内に入った。

　これらアジア系移民の増加は 2000 年代以降に顕著であり，2001 年の国勢調査と比較すると，中国系は 2.2 倍，インド系は 3.1 倍に急増している。このようにアジア系は全体としてみれば比較的新しい移民であるといえる。実際にオーストラリアでの平均滞在年数も，中国系で 8 年，インド系で 5 年と短い。

　ところがアジア系の中でもベトナム系は様子が異なる。2000 年代の増加は 20％にとどまる一方で，滞在年数は 22 年と長い。ベトナム系移民（難民を含む）の増加のピークもインドシナ難民[2]が発生した 1970 年代後半から 90 年代初めにかけてである（**図 8-1**）。また 2001 年の国勢調査では，外国生まれ人口の 4 位に入っており，アジア系移民の主流をなしていたこともわかる。つまりベトナム系はアジア系移民の先駆け的な存在といえ，それだけホスト社会の空間構造にも影響を与えていると考えられる。

　ベトナム系の人口を州別にみると，最も多いのはニュー・サウス・ウェール

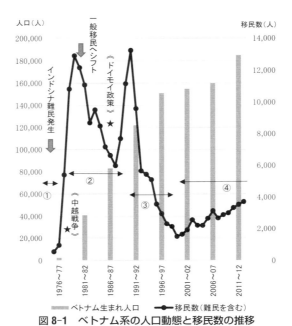

図 8-1　ベトナム系の人口動態と移民数の推移
(2001年および2011年の国勢調査のデータ，Commonwealth of Australia (2006)，Coughlan et al. (1997：276) により作成)

ズ州で7.2万人（うちシドニーに6.9万人，外国生まれ人口では，イギリス，中国，インド，ニュージーランドに次いで5位），次いで多いのがヴィクトリア州で，6.8万人（うちメルボルンに6.7万人，同4位）である（**図 8-2**）。この2州に全体のおよそ4分の3が集中していることになる。一方で，クイーンズランド州，西オーストラリア州，南オーストラリア州にもそれぞれ1～2万人のベトナム系住民が居住している。ベトナム系住民が多いシドニーやメルボルンには，「ベトナム・タウン」も形成されており，代表的なシドニー郊外のカブラマッタでは，ベトナム系が住民のおよそ3分の1を占めている。

　ベトナム系の人口は1990年代初頭にかけてのピーク時以降，微増にとどまっていたが，2000年代後半から再び明らかな増加傾向がみられる（**図 8-2**）。とりわけベトナム系が集中するニュー・サウス・ウェールズ州やヴィクトリア州では2006～11年の間に1万人近くも増加しており，新たな層を形成しつつある。

Ⅷ　アデレードのエスニック・タウン　139

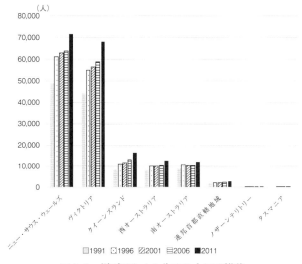

図 8-2　州別ベトナム生まれ人口の推移
（オーストラリア統計局のデータをもとに作成）

　この 20 〜 30 年という時間の意味は大きい。まして，移民の送り出し側であるベトナムでは，旧南ベトナムの社会主義化や，市場経済への移行（ドイモイ政策の導入）とそれに伴う経済成長など，この間に社会経済情勢を大きく転換させる出来事が起こっている。つまり同じベトナム系であっても，来豪時期によって，社会経済的な背景は大きく異なっているのである。このような属性の違いは移民の職業選択や居住地選択といった意思決定や生活形態にどのような影響を及ぼしているのであろうか。

　本章では，この点について，ベトナム系が集住する都市のうちの 1 つである，南オーストラリア州の州都・アデレードを対象として検討する。アデレードのベトナム系人口は 1.2 万人で，シドニーやメルボルンと比べると少ないものの，外国生まれ人口では 5 位につけており，オーストラリア全体の 6 位より高い。またアデレードの北・西部およびその近郊（Port Adelaide-Enfield-The Parks）は全国的にみても，ベトナム系が集中する地域である（Coughlan, 2008）[3]。

以下，国勢調査をはじめとした統計データを分析してベトナム系住民が集住する地区を抽出し，アデレードの空間構造への影響を示すとともに，ベトナム系住民の実態を明らかにすることで，そうした空間構造の背景についても検討していきたい。当事者であるベトナム系住民の視点に立とうとするのは長らくベトナム研究に携わってきた筆者の原点であり，在日ベトナム系住民を研究した川上（2001）や，アメリカのベトナム系住民を研究した古屋（2009）とも近い点である。

　アデレードにおける聞き取り調査は2012年と2015年の2回行った。ベトナム語と英語を併用して臨んだが，英語を得意としない住民も多く，結果として9割方ベトナム語によることとなった。[4]この点もベトナム系住民の現状を示唆していよう。

2 オーストラリアにおけるベトナム系住民の特徴

（1）東南アジア系住民との違い

　上述したようにベトナム系住民には元難民が多く，ほかの移民グループと比べて，次のような違いが認められる。まず，長期にわたって戦時下や難民キャンプでの生活を余儀なくされ，物的・心的に剥奪状況の中にいたため，英語力が低いあるいは獲得能力が低下している傾向がある。このため，教育・技術レベルを十分にあげることが困難で，収入面でも不利な場合が多い。実際にベトナム系の就業先をみてみると，ほかの東南アジア系と比べても，製造業従事者，非専門職労働者の比率が高かった（関根，1989：380-382）。またそうした不利な状況にあるためか，最近においてもベトナム系は都市部に居住する割合がきわめて高く，全体の96.8％が主要都市に集中している。

（2）ベトナム系住民の分類

　オーストラリアのベトナム生まれ人口は1975年以前にはおよそ700人にすぎなかったが，1981年には5万人，1991年には12.2万人，2001年には15.5万人と増加した（**図8-1**）。2006年は16万人で微増にとどまったが，2011年には18.5万人（外国生まれ人口の3.5％）と再び増加に転じた。家庭でベトナム語を話す人口も23.3万人（全体の1.1％）と2006年の19.5万人から増加し

ている。ベトナム系の移民が，難民やその家族を核としつつ，その子孫である
オーストラリア生まれの2世や3世，さらには新規の移民にも拡大しているこ
とがわかる。

　具体的には以下のように分類できよう。なお，①〜④の番号は，**図8-1**中
の番号と対応している。

① **1975〜77年の難民**：旧南ベトナム政府関係者および中流階級が多く，
高等教育を受けている人の比率が高い。一度職業上の下降移動を経験しても，
努力によって再度，社会的上昇移動する割合が，後の難民に比べて高い（関根，
1989：382-385）。

② **1978年以降の難民**：小ビジネス経営者や農民などが多く，経済難民とも
位置づけられる。教育技術レベルが相対的に低く，職業選択が比較的困難であ
る。1978年に中国とベトナムの関係が悪化したこともあり，中国系ベトナム
人が多いという特徴もある。

③ **1980年代後半以降の家族呼び寄せによる移民**：家族呼び寄せによる移民
の場合は，「労働者」というより「扶養者」のケースが多い。英語をほとんど
話せない人も多い。

④ **新規移民・留学生**：留学を契機とした若年層が多く，英語がある程度堪能。

⑤ **オーストラリア生まれの2世，3世**：ベトナム語が不得意な人もいる。

3 アデレードにおけるベトナム系住民の特徴と居住分布

（1）人口動態

　Department of Government of South Australia, Multicultural SA（2014）に
よると，アデレードには，1975〜79年の間におよそ2,000人のベトナム人難
民がやってきたが，一般移民へ移行した1982年からは，家族呼び寄せプログ
ラム（Family reunion）による家族移民が増加していった。2011年現在で，
人口全体に占めるベトナム系の割合は0.8％であり，30〜50代が多いという
特徴がみられる。

　図8-3は，1991〜2011年間のアデレードにおけるベトナム生まれ人口の推
移を示している。アデレードにおいても1990年代前半と2000年代後半にベト

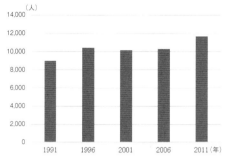

図 8-3 アデレードにおけるベトナム系住民の推移
（オーストラリア統計局のデータをもとに作成）

ナム系が増加していることがわかる。1980年代後半から家族呼び寄せによる移民（上述の③）が増えたこと，2000年代後半に留学生など（上述の④）が増えたことが示唆される。2012年の留学生数は1,177人で，同年に新たに540人が加わっている。

　Coughlan and McNamara（1997：66-68）によると，1994～95年度にオーストラリアに到着したベトナム人移民のうち，無職，商人と回答した人がそれぞれ34％を占めた。この値はアジア平均の13.3％と14.8％と比べても高い。ベトナムでは女性が副業的に小商いに従事するケースが多いことから，この時期の移民の多くが家族呼び寄せによることが推察できる。

　また，2001年と2011年で比較すると，ベトナム生まれ人口が10,207人から11,682人と微増であるのに対して，家庭でベトナム語を話す人口が12,374人から15,620人に増加しており，祖先はベトナム人であると回答した人も15,777人にのぼる（2011年）。つまり，アデレードにおいてはオーストラリア生まれの2世，3世（上述の⑤）も増えていることがわかる。

(2) 居住地の分布

　こうした属性の違いは彼らの意思決定や行動にどのような影響を及ぼすのであろうか。居住地の選択から検討してみよう。**図 8-4** はベトナム系住民の分布を，2011年の国勢調査に基づき，「家庭でベトナム語を話す」人口をSA2統計区[5]のレベルで集計し，さらに，来豪時期（2000年前／後）の情報をクロスさせて集計したデータを地図化したものである。

Ⅷ　アデレードのエスニック・タウン　143

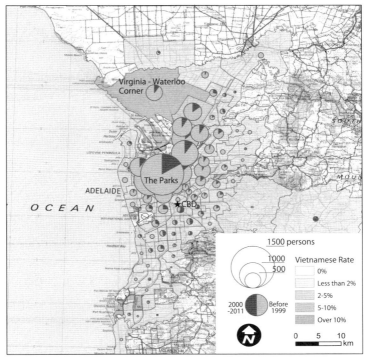

図 8-4　アデレードにおけるベトナム系住民の分布（口絵 11）
（オーストラリア統計局のデータにより作成）

　家庭でベトナム語を話す人々の最大の集積を示す地区は，CBD の北西に位置する The Parks 地区であり，1,657 人を数える。当該地区の全人口に占めるベトナム系住民の割合は 12.7％に達している。また，パークス（The Parks）地区の西に隣接するウッドヴィル - チェルテンハム（Woodville - Cheltenham）地区ではベトナム系住民は 833 人（同地区の 6.8％），パークス地区の北東側に位置するプーラカ（Pooraka）地区では 664 人（同地区の 4.4％），エンフィールド - ブレアアソル（Enfield - Blair Athol）地区で 472 人（同地区の 2.6％）など，アデレードの CBD の北西から北東にかけての一帯にベトナム系住民の大きな集積が確認できる。来豪年を 2000 年で区切って集計した結果と居住地の対応をみてみると，CBD 北側のベトナム系住民の集積地区では，ほとんど

の地区において，1999年以前の来豪者が地区全体のベトナム系住民の80～90％程度を占めて大多数となっている。これは，前節で挙げた①～③のベトナム系移民に相当する。一方，主にCBDの南部では，家庭でベトナム語を話す人口自体が北部に比べて圧倒的に少ないうえ，来豪年も2000年以降の割合が北部よりも高い傾向がみてとれる。次に，なぜこのような居住地選択がなされたのであろうか。その背景を探ってみよう。

（3）居住地選択の背景

1）北・西部

アデレードの北・西部は工場が多く立地しており，地価が比較的安い地域である。また，元難民がアデレードでの生活をスタートさせたペニントン移民収容施設（ペニントンホステル，Pennington Migrant Hostel）もこの付近にあった(The Parks地区)[6]。こうした条件が居住地選択に影響を与えたと考えられる。

1980年代以降，ベトナム系の商店が増え，ベトナム人会の事務所（Athol地区）やベトナム系仏教寺院（The Parks地区），ベトナム系カトリック教会（Pooraka地区）などができたことで，さらに「住みやすさ」が増した（**写真8-1**）。現在では，ベトナム系のスーパーマーケットやショッピングモール，病院，法律事務所，新聞社，郵便局，ガソリンスタンドなどがあり，ベトナム語だけで生活することも可能である。

ベトナム人会の事務所の敷地内には，コミュニティホールも併設されている（2013年に完成）。ホールでは集会や結婚パーティが開かれるほか，老人会の親睦会も定期的に行われている。事務所の正門はベトナム社会のシンボルである「村門」を模したものであり，コミュニティの紐帯がみてとれる（**写真8-1a**）。

アデレードのベトナム系住民の53.7％は仏教徒で，キリスト教徒（うち88.7％はカトリック）が28.6％を占めている。ベトナム系仏教寺院は，かつてのペニントンホステルから数十メートルの近さにあり，近隣の住宅地にはベトナム系住民が多く居住している。寺院の内部には納骨堂もあり，祖国への帰国を果たせない多くの遺骨が安置されている。

一方，ベトナム系カトリック教会はパークスやエンフィールド-ブレアソルからはやや離れたプーラカに1980年代に建てられた。政府が安価で払い下

Ⅷ　アデレードのエスニック・タウン　145

a）ベトナム人会の正門

b）ベトナム系仏教寺院
　　敷地内にベトナム補修校もある。

c）ベトナム系カトリック教会のマリア像
　　ベトナムの民族衣装であるアオザイをまとっている。

d）ベトナム語が併記されたATM
　　ベトナム系の店舗が多いショッピングセンターではベトナム語だけでも事足りる。

写真 8-1　アデレード北・西部のベトナム系施設

(2015年2月，筒井撮影)

げてくれた敷地には，礼拝に訪れる信者のために広い駐車場も作られている[7]。最近では教会の近隣に転居する人が増え，プーラカのベトナム系の人口比率が上昇している。2011年の国勢調査では4.4%となっている。

　寺院や教会はベトナム系住民の文化的，精神的なよりどころといえる。いずれも僧侶やシスターがおり，信者が定期的に訪れている。また子どもたちに対するベトナム語学習の場にもなっており，週末に補習クラスが開かれている[8]。

2）ヴァージニア

北部の農村地域・ヴァージニア（Virginia）では，園芸農業がさかんであり，1980年代からベトナム系が農業労働者として働いていた。1990年代までは地価が比較的安かったことに加え，ヨーロッパ系の農場主が後継者不足を抱えていたこともあり，ベトナム系の農場が増加した。現在ではおよそ600を数える。農業労働者を加えるとこの地区のベトナム系は1,000世帯にもなり，その住民比率は9.4％と，パークスに次いで高い。

一帯には農業ハウスが立ち並び（**写真8-2**），なかには全国展開するスーパーマーケットと契約栽培をしている農家もあるなど，全体として経営は好調である。

写真8-2　ヴァージニアの農業地帯
(2015年2月，筒井撮影)

3）南部

南部には北・西部やヴァージニアのようなベトナム系住民の比率が高い地区はみられない。したがって南部に居住するのは，ベトナム社会への心理的・物質的依存の少ない人たちであることが示唆される。実際に，南部では北・西部やヴァージニアと比べると，2000年以降の新しい移民の割合が高くなっている。オーストラリア社会で成功した人，ベトナム系以外と結婚した人，留学生などが想定される。

Ⅷ　アデレードのエスニック・タウン　147

　以上のように，ベトナム系住民は来豪時期によって属性に違いがみられ，そのことが居住地選択という意思決定に反映された。さらに，そうした思考が共有された結果として，アデレードの都市空間の中に「ベトナム・タウン」[9]を生み出すことになったといえる。

　以上のような背景をふまえたうえで，以下，15 人の代表的なライフヒストリーを示し，個々の属性の違いと居住地選択の関係を検討したい。

4　アデレードにおけるベトナム系住民の実態

（1）1975 〜 77 年の難民

1）事例 A：著名な医師

　サイゴン陥落後，一時アメリカに逃れたが，旧知の知人を頼り 1975 年 6 月にアデレードへ来た。オーストラリアではベトナムの医師免許が認められなかったため，再試験を受けなければならなかったが，業績を認められて特例として免除された。医師として勤務するかたわら，ベトナム人のネットワーク作りにも尽力した（Vietnamese Community in Australia SA Chapter INC, 2005：5-6）。

2）事例 B：南オーストラリア州知事

　2014 年 9 月にアジア系で初めて南オーストラリア州の知事に就任した Le Van Hieu 氏は，1954 年，ベトナム中部生まれ。ダラット大学卒。77 年に妻とともにボートピープルとなり，マレーシアを経由して，ダーウィンに漂着。アデレードのペニントンホステルで 3 か月過ごした後，アデレード大学で学び直して経済・会計の学士を取得，2001 年には修士号を取得した。1991 〜 2009 年までオーストラリア安全投資委員（Australian Securities and Investments Commission）を務めた。また 1995 〜 2014 年まで南オーストラリア多文化民族問題委員（SA Multicultural and Ethnic Affairs Commission）も務め，2001 年に副議長，2007 年にはアジア系で初めて議長に指名された。2007 年には，在外ベトナム系では世界で初めて副知事に就任した（Vietnamese Community in Australia SA Chapter INC, 2005：11-13）[10]。

3）事例 C[11]

1957 年ベトナム中部のクアンガイ省生まれ。1977 年に船で脱出し，マレーシア経由でメルボルンへ。トヨタの工場で 6 ～ 7 年間働いた後，アデレードに来た。1987 年にレストランを開業。1993 年にサイゴン在住の妻と見合結婚し，現在は 18 歳，13 歳，10 歳の 3 児の父（2012 年当時）。14 年前にローンで住宅を購入したが，すでに完済。別にもう 1 軒所有している。ベトナムには父親と兄弟がおり，数年に 1 回のペースで帰国している。

（2）1978 年以降の難民

1）事例 D

1944 年メコンデルタのドンタップ省サデック[12]生まれ。サイゴン師範大学卒。サデックの女子高で英語教師となり，校長も務めた。1978 年に退職。父を亡くし母一人子一人であったが，母の強い勧めで 1979 年に脱出した。タイの難民キャンプに 6 か月いた後，アデレードへ来た。しばらくは家具工場で働いたが，1982 年に南オーストラリア大学で 1 年間学び，オーストラリアの英語教師の資格を取得した。1983 ～ 2009 年まで，キリスト教系の小学校で英語を教えた。同年代で同じように専門職で働いていた女性は，アデレードで 10 人ほどしかいない。未婚で，ベトナム仏教寺院からほど近くに家を購入し 1 人で暮らしている。

2）事例 E

1949 年ハノイ生まれで，南北分断後の 1954 年に，家族とともに南へ逃れた。1972 年サイゴン法科大学卒。1974 年に弁護士事務所を開設したが，1978 年にボートピープルとなり，約 1 か月後にダーウィンに漂着した。パースで 1 年間英語を勉強した後，メルボルンへ移り，製鉄工場で 1 年働いた。1980 年に兄（インドネシア，中国経由で渡り，サンホゼの IBM 工場に勤務）を頼って渡米したが，2 年後に，親族を頼ってアデレードへ来た。ここで，サイゴン出身で元医師の妻と結婚した。夫妻とも言葉の問題もあって専門職の道はあきらめ，商売を始めた。生命保険のセールス，医療品販売，不動産デベロッパー，パン製造などをしてきた。パン製造が成功し（最盛期には支店を 4 か所もち，従業員を 25 人雇用していた），12 年前に郊外に豪邸を構えた。子どもは 3 人で，1984 年生まれの長男と 1987 年生まれの長女はいずれも会計士。子どもたちは

英語の方が流暢で，特に 1991 年生まれの次男はベトナム語が不得意である。

3）事例 F

1967 年サイゴン郊外の農村生まれ。1978 年に単身で脱出し，シンガポール経由でアデレードに来た。工場勤めの後，1986 年からレストランで働くようになった。妻はパート勤めで，家賃月 700 豪ドルのアパートに住む。長男は 20 歳，長女は 14 歳である。

4）事例 G

1951 年サイゴン生まれ。文芸誌を発行していたが，1980 年に脱出した。アデレードでは工場勤めの後，ビデオ屋を営んだが見込みがないのでやめ，1995 年に週刊誌を創刊した。発行部数は 3,000 部で社員は 3 人。

5）事例 H

1963 年ホーチミン市に近い南部のヴンタウ生まれ。北部のナムディン省が故郷で元知識人階級の出身。父の方針で 15 歳まで寄宿学校で学んだ。1979 年に父と上の兄 2 人が死亡，13 歳と 10 歳の弟を連れて脱出した。3 日間漂流し，シンガポール経由で，1981 年にアデレードのペニントンホステルに着いた。異国での兄弟 3 人の生活は不安でたまらなかったが，親切なオーストラリア人に助けられた。ホステルの英語教師はオーストラリアでの生活や仕事の探し方などいろいろと教えてくれた。弟たちのために学業を諦め，1 日 16 時間，仕事を 2 つ掛け持ちして 1 日も休むことなく働いた。1986 年には自動車を購入し，結婚もした。翌年に長男が誕生し，1989 年には 70,000 豪ドルで家を購入した。1991 年に長女が生まれたときには住宅ローンは完済していた。長男は理学療法士，長女は歯科医になり，生活は安定している。今でも毎日働いているが，長女が就職してから，日曜日は休むようになった。1991 年に母（80 歳）と 2 人の弟妹も呼び寄せた。

6）事例 I

1972 年メコンデルタのソックチャン省生まれ。看護師の両親のもと，6 人兄弟の末っ子として生まれた。1987 年に兄弟 4 人で脱出。別に脱出した両親とインドネシアで再会し，アデレードへ来た。1996 年から 2 年間医療を学び，現在は，パートタイムだが，社会事務所で働き，高齢者サービスを担当している。

2 人の兄は医者，上の姉は薬剤師と医療関係の専門職に就いている。次姉は

商売をしており、すぐ上の兄は美容師である。両親は 2008 年まで豆腐屋を営んでいたが、2009 年にブリスベンに移り、兄と暮らしている。

2001 年に同じくメコンデルタのチャビン省出身の妻と結婚し、13 歳、8 歳、4 歳の 3 男がいる。

7) 事例 J

1952 年メコンデルタのヴィンロン省生まれ。中国系の家系で、父親は肉屋を営むかたわら、100 ヘクタールの地主でもあったが、サイゴン陥落後、農地を没収された。1970 年に結婚し、4 男 1 女（末子は 1979 年生まれ）に恵まれた。1982 年初頭に脱出し、インドネシア、タスマニア経由で 1983 年にアデレードへ来た。工場に勤めた後、商売を始めたがうまくいかず、1987 年にヴァージニアへ移住した。1991 年に農場（2 ヘクタール）を購入しキュウリ、トマトを栽培している。この地区では水耕栽培の先駆けとして知られ、その技術を知り合いのベトナム系農民に教えている。農地の買い増し、設備投資にも積極的である（**写真 8-3**）。現在は 2 人の息子（3 子、末子）にそれぞれ経営を任せている。例えば末子の農場でも、ベトナム系、アフガニスタン系、ラオス系など 18 人を雇用するほど規模が大きい。また、長男はメルボルンでスーパーマー

写真 8-3　ヴァージニアの農業ハウスの内部
1) 新式のハウスを 2013 年に建設し、200 万豪ドル以上を投資した。
2) 現在 3 棟あるが、2016 年にさらに建設する予定であるという。

(2015 年 2 月、筒井撮影)

ケットを経営，次男はブリスベンで歯科医，長女（4子）はブリスベンで放射線技師と，子どもたちも安定した生活を送っている。

8）事例K

1947年ベトナム北部のハドン生まれ。地主の家系で1954年にサイゴンに逃れた。1973年にダラット大学を卒業し，高校で数学や物理を教えた。1989年末に脱出し，カンボジア，タイを経て1993年にオーストラリアへ来た。シドニーで学んだ後，さまざまな仕事をしたが失敗し，1999年末にアデレードへ移住。アデレードで結婚し，18歳と16歳の息子がいる。子どもはアデレード中心部の難関高校まで通学させている。2004年に農場を購入し，農業ハウス0.5ヘクタールでトマトの水耕栽培を行っている。コストのかかる小規模経営は年々厳しくなっている。農地2ヘクタールを買い足したが，新たな投資は控えている。

9）事例L

1981年ホーチミン市[13]生まれ。5人兄弟で上の2人は死亡，父親は行方不明。1994年に母，妹と脱出。カンボジアに6週間いた後タイに移り，そこで難民認定を受けた。アデレードでは，語学学校に通った後に8年生に編入したが，英語に苦労し落第した。専門学校へ進み，英語とITを学んだ。4〜5年間働いたが，何をやっても自信がもてなかった。2009年に翻訳や通訳の専門学校で1年間学んだ後，社会事務所で通訳として勤務している。週3日のパートタイムで，後の4日は2007年から入退院を繰り返す母親の看病をしている。

現在，母，妹と同居。妹は26歳だが，生活は不安定。姉はアメリカ在住で夫と2人の子がいる。現在では英語に不自由はないが，逆にベトナム語が不得意である。

（3）1980年代後半以降の家族呼び寄せによる移民

1）事例M

1945年中部のフエ生まれ。8歳年上の夫との間に8子を得た。1982年に一般移民として来豪した夫の呼び寄せで，1989年にアデレードに来た。英語は不得意である。

2）事例N

1981年サイゴン生まれ。1982年に父が家族移民でクイーンズランドに行き，1994年に父の家族呼び寄せで母，妹とオーストラリアに来た。4年生に数か月

いた後8年生に進級。2001年に南オーストラリア大学へ進み，プログラミングを学んだ。卒業後から社会事務所に勤務。2007年に結婚し3歳の長女がいる。夫は鶏肉加工工場に勤務。母は社会主義政権下で交通警察官だった。

（4）新規移民・留学生（事例O）

1977年メコンデルタのカントー生まれ。カントー大学の医学生であったが，3年で退学し渡豪。アデレード大学で健康科学を学んだ後，南オーストラリア大学でソーシャルワークの修士号を取得。社会事務所で麻薬やアルコール，DVなどのプロジェクトマネージャーを務める。1999年末に8歳年上でチェコとマレーシアのハーフであるオーストラリア人の夫と結婚し，13歳の長男と9歳の長女がいる。家庭では英語を使用し，子どもたちはベトナム語をほとんど話せない。

5 アデレードにおけるベトナム系住民の空間

本章では，来豪時期を考慮してベトナム系住民を5つに分類し，それぞれの属性を具体的に示すことで，ベトナム系住民の特徴をしようとしてきた。代表的な15人のライフヒストリーからは，次のような特徴が明らかになった。

初期の難民（①）には，元地主や知識人など，ベトナム本国において経済的にも社会的にも上層にいた人が相対的に多く，素養の高さが見受けられる。ベトナムの伝統的な価値観（儒教的）もみられ，その実践が経済的，社会的な再浮上につながったとも考えられる。また苦しい経験を共有したという連帯感や，それに基づいたエスニックコミュニティに対する奉仕精神もほかのグループと比べて強くみられた。1978年以降の難民（②）にもこのタイプが含まれているが（事例Hなど），少数派である。本国での出身階層は広く，経済的な上昇志向の強い難民が多い。母親が社会主義政権下で交通警察官であったというNさんは，その典型的な事例といえよう。

難民たちのアデレードでの生活の出発点はペニントンホステルであった。近くに工場地帯があり，英語が流暢でなくとも職を得やすく，家賃も比較的安かったため，ホステルを出たベトナム系が周辺で暮らし始めた。言葉や生活に慣れ，経済的にも余裕ができると，自分で商売を始める者が出てきた。また医師や

教師などの専門職に就いていた人の中には，オーストラリアの免許へ書き換えをするために，学び直す者もいた。

1980 〜 90 年代にかけてのアデレードは物価が安く，現在と比べると，住宅は 10 分の 1 ほど，食料品や日用品は 6 分の 1 ほどであったという。意欲的なベトナム系にとっては，好機であったといえる。実際に，数年で商売を興したり，自動車や住宅を購入したりする人は少なくなかった。

一方で英語や技術を習得できず，仕事を見つけられない人々はこうした流れにのれずにいた。高齢者や健康を害した人，あるいは保護者のいない子どもなどはとりわけ不利であり，来豪時の年齢や学歴，職歴がその後の生活に大きく影響したことがわかる。事例 L はその代表的な例であろう。男性の方が女性よりも相対的に移動が多いことから，ジェンダーも影響しているかもしれない。

多くの元難民たちは生活を再出発させたホステルの近隣に住み着き，助け合いながら生活を立て直していった。精神的なよりどころとして仏教寺院やカトリック教会が建てられると，紐帯はさらに深まり，コミュニティが形成されていった。コミュニティ活動は，弱者への支援や相互扶助にとどまらず，老人会，婦人会などを中心に，活動を広げてきた。英語が不得意あるいは話せない，または同胞愛をもつベトナム系が，こうしたコミュニティを居住地として選択するのは当然であろう。実際に現在でも大半は，The Parks 地区周辺，アデレード北・西部の「ベトナム・タウン」で生活している。また，Pooraka 地区において，ベトナム系カトリック教会の建設後にベトナム系住民の人口が増加したことも，このことを裏付けよう。

一方で，英語に不安が少なくベトナム系コミュニティでの生活に依存していない場合や，生活・学業のためなどほかに動機がある場合には，環境のよい住宅地や，勤務先・学校に近い便利な場所を選択するであろう。1980 年代初めにヴァージニアにベトナム系が移住し始めた背景にもそうした動機があると考えられる。

このように，ベトナム系住民の居住地選択には，個々が抱える背景が影響を及ぼしており，それらは来豪時期によって，ある程度共有されている。その結果として，アデレードの都市空間の中に「ベトナム・タウン」が生み出されたといえる。

（筒井由起乃）

注
1 この数字は中国生まれ人口である。オーストラリアの国勢調査では、「出生地」「家庭で使用する言語」などがあるが、ここでは特に断りのない限り、「出生地」によることとする。
2 1975年4月のサイゴン陥落と旧南ベトナムの社会主義化を契機に、難民として周辺各国に逃れた人々を指す。
3 Coughlan（2008）では全国6位とされる。この地域のベトナム生まれ人口は13,586人。また、家庭でベトナム語を話す人口は18,503人で、全国で7番目に多い。本章では、郊外のPort Adelaideを含んでいないため人口が少なくなっている。アデレードの人口はシドニーのおよそ4分の1である。都市の規模が小さいことから、都市の空間構造におけるベトナム系の影響をより検討しやすいと事例である。
4 ただし、本文中のデータは、特に断りのない限り、この聞き取り調査によって得たものである。また年齢は2015年2月時点に統一した。
5 2011年センサスの統計区SA2は、各地区に含まれる人口がおおむね1万人程度になるように設定された統計区である。
   http://www.abs.gov.au/ausstats/abs@.nsf/Latestproducts/88F6A0EDEB8879C0CA25 7801000C64D9（2015年5月31日最終閲覧）
6 現在はその役目を終え、記念公園に整備されている。
7 信者はおよそ3,000人いる。駐車場不足を解消するため、2015年現在、新たに増設工事を進めている。
8 寺院の敷地内には専用の教室がある。教会では、隣接する公立小学校の教室を借りてベトナム語を教えている。またヴァージニア地区でも小規模なクラスが開かれている。
9 ただし、アデレードのベトナム系人口が相対的に少なく、かつ北・西部は公共交通がバスに限られるためか、ベトナムシドニーやメルボルンのようにタウンと呼べるほど目に見えて集積してはいない。
10 南オーストラリア政府の公式ホームページも参照。
   http://www.governor.sa.gov.au/node/27（2015年4月1日最終閲覧）
11 以下は聞き取り調査による。個人情報保護のため、実名は明らかにしない。
12 フランスの作家ドゥラスの小説『L'amant（愛人）』の舞台となった町である。
13 サイゴンは、1976年の南北統一時に「ホーチミン市」と改称された。このインフォーマントはサイゴンではなく、新体制後のホーチミン市という名称を用いていた。

IX 結 論

　本書は，多文化化の進む現代オーストラリアの都市社会に着目し，各エスニックグループの特徴を（大）都市圏全体の構造からとらえることで，現代オーストラリアの都市社会の特徴を明らかにすることを目的とした。

　本書で主に分析対象としたのは，国勢調査データの電子化が充実した1991年以降のオーストラリア大都市圏の状況である。1970年代半ばに撤廃された白豪主義に代わって導入されたポイントシステムにより，従来からのヨーロッパ系の白人に加えて多くのアジア系の移民がオーストラリア社会において明らかにプレゼンスが増加したと認識され始めた時期に当たる。

　大都市圏全体の構造変容の枠組の中で，現代オーストラリアの大都市圏の変容を扱った第Ⅰ部では，シドニー（Ⅱ章とⅢ章）とメルボルン（Ⅳ章とⅤ章）を対象に，モータリゼーションに伴う急速な郊外化の進展，多文化化の進展状況，エスニックグループ別の明瞭な住み分けの状況などを明らかにした。シドニーおよびメルボルンとも，1991年以降に限ってみても，毎年2％以上というかなり急速な人口増加が続いている。1990年代のグローバリゼーションによる外国からの投資（FDI）の増加，2000年のシドニーオリンピック開催，1996〜2007年まで続いた保守系政党による長期政権下（ハワード政権）で強力に進められた規制緩和と公営企業体の民営化，などのさまざまな要因が複合的に重なったため，1990〜2000年代にかけてのオーストラリアは空前の好景気に沸いている。こうした好景気が続く一方で，産業の多くの部門において深刻な人手不足も常態化したことは，移民労働者の急増につながった。シドニーを対象に移民の増加をみると，仕事では英語を使うものの，家庭では英語以外の

言語を使う人口の増加が著しい。シドニー大都市圏では，増加の著しいアラビア語人口やベトナム語人口などは，ポートジャクソン湾の南側の低所得者の多い地域に集中する傾向にある。一方，標準中国語や広東語を話す人口は，大多数は低所得者の多い地域に集中するものの，同湾の北側に位置する高所得者の多い地区にも相当数が進出していることがわかる。国勢調査のカスタマイズデータを分析した結果，中国系やインド系の移民は，シドニーに多く住む他のエスニックグループに比べて，学歴や所得の面で高い傾向が確認できた。

　オーストラリアの住宅価格の急騰も深刻化しているため，比較的安価な住宅地は，シドニーでは都心から鉄道で 1 時間半以上かかる郊外に限られている。こうした地区に供給される安価な住宅の主な購入者は，多くのケースで所得レベルのあまり高くない（世帯平均収入以下の）エスニックグループである。本書では，代表的な事例としてフィリピン系移民の事例からこうした状況を明らかにした。一方，メルボルンでは，1980 年代に慢性的に発生したオフィスビルの空室率の急増への対応策として打ち出され，その結果として都心部および都心周辺部で急増することとなったのが高層のコンドミニアムであった。1990年代初頭まではほとんどがオフィスビルで埋め尽くされていたメルボルンの都心部は，1990 年代後半から 2000 年代にかけて，まるで雨後の竹の子のように大量に現れた住居系高層ビル（コンドミニアム）の割合が増加した。こうしたコンドミニアムは，自ら購入して住んでいる居住者（Owner Occupier）は全体の 3 分の 1 程度にすぎず，過剰供給を心配する声も一部には上がっていた。残りの物件は投資目的での賃貸用として供給されたものであるが，最終的には，こうしたコンドミニアムの賃借人は，在学期間中という数年単位の「短期需要」をもつ留学生であった。メルボルンの都心部に隣接して著名な有力大学が 2 校存在し，最大時には大学全定員の約 25％を留学生が占めるという状況になった。出身国が同じ留学生らがシェアメイトになり，平均的な 2 ベッドルームを4 人程度でシェアして借りれば，現地でのアルバイト代で十分に支払うことのできる家賃設定であった（1 か月の家賃は 10 万円程度）。シドニーに立地する有力大学にもメルボルンに次ぐレベルで留学生数は多いが，シドニーの家賃帯はメルボルンをはるかに凌ぐ高価格であるため，メルボルンのように都心に留学生が多く居住するという状況にはならなかった。

その一方で，メルボルンとは対照的に，シドニーの住宅市場を大きく牽引したのは，DINKS（子どもをもたない若年夫婦）をはじめとする若年高所得者であった。かつての低家賃地区の古い住宅を購入した後に，その物件をリノベーション（改修）して住み，他の物件に引っ越す際には改修済みの住宅を購入時よりも高値で売却する。こうして徐々に形成される高額住宅，高家賃の賃貸住宅が増加した地区には，彼らの旺盛な消費に応えるように高級店の割合が増加するジェントリフィケーションが進行した。ジェトリフィケーションが起こる以前から当該地区に住んでいた住人の多くは，高騰した不動産価格とコストに耐えることができずに，ついには引っ越さざるをえなくなるケースが頻発したことが本書で明らかになった。

このように，第Ⅰ部で対象とした事例を正確にとらえるためには，個別の事象だけにとどまらず，個々の事象が大都市圏全体の中で他の事象と複雑に絡み合って発生していることを理解する必要がある。例えば，モータリゼーションによって郊外化が著しく進展していることはオーストラリアの（大）都市圏に共通する事象である。中・高所得者が戸建て住宅を求めて郊外に住居を求める動きが活発化する一方で，都心からさほど遠くない（5〜10 km 程度）都心周辺部においてもドラスティックな変化が起きている。シドニーのジェントリフィケーションの事例で考察したように，古い建物を改装して瀟洒な造りの住宅として再販売することで，一旦は郊外に転出した中・高所得者の一部が都心周辺に回帰してくる現象はもはや珍しくない。このように，都市圏内部でみられるさまざまな事象は相互に関連している。これらの事象の正確な理解のためには，都市圏全体を見渡す視点が不可欠である。

続く第Ⅱ部は，よりミクロなスケールから変貌する都市社会に焦点を当てた。Ⅵ章ではイタリア系住民が多くみられるシドニー郊外のライカート地区を対象に，人口規模が縮小し，居住地が分散しつつあるシドニーのイタリア系コミュニティが，移民集団としてのエスニックグループ文化を表象する場所を移民1世の元の集住地であったライカートに求め，コミュニティの拠点を再構築しようとする試みに注目した。ライカートは，1950年代にイタリア系移民1世の居住・商業活動の中心であったが，1970年代以降イタリア系住民の数が減少し，そのビジネスも縮小していった。この状況下で，1999年に同地区にイタリア

の景観・文化をイメージした商業・居住・文化活動の複合施設，イタリアン・フォーラムが建設された。しかしこの施設は 2000 年代末には商業的に行き詰まり，イタリア系コミュニティの歴史やエスニックグループ文化を表象するアイデンティティの場所としても機能しなかった。それでも現在，イタリア系住民の互助組織がこの施設内のイタリアン・フォーラム文化センターを利用し，イタリア系コミュニティの拠り所となる場所づくりをめざしていることが明らかとなった。

VII 章の対象である首都キャンベラでは，近年中国系移民（華人）が急速に増加している。キャンベラでは特に中国系移民の数は多く，2006 〜 2011 年の 5 年間でほぼ倍増した。キャンベラで華人人口が増加し始めたのは，天安門事件発生後の 1990 年以降で，2014 年現在，17 の華人団体が形成されている。キャンベラの華人社会の特徴は，出身地や目的等を異にするこれらの団体が，1 つの組織を形成し，相互に協力し連携し合いながら，キャンベラの華人社会全体をまとめていることである。またキャンベラが政治・行政機能に特化した首都であるという地域性を反映し，華人社会においても公務員と学生が圧倒的に多い。そのため華人社会が作り出す都市構造は，他都市のように出身地ごとの居住分化はみられず，来豪年および収入によって分化していることが明らかとなった。

VIII 章では，アデレード郊外に居住するベトナム系の移民の急増の要因を掘り下げた。中国やインドからの移民が 2000 年代以降に急増したのに対し，ベトナムからの移民は 1970 年代後半からのインドシナ難民を中核としており，在豪年数の長さと難民としての性格をもつ点が特徴的である。ベトナム系は特にニュー・サウス・ウェールズ州とヴィクトリア州に多いが，クイーンズランド州，南オーストラリア州にも 1 万人以上が居住している。シドニー郊外のカブラマッタに代表されるような「ベトナム人街」も形成された。来豪時期によって社会経済的な背景が異なることに着目し，属性の違いが移民の職業選択や居住地選択といった意思決定や生活形態に及ぼした影響が明らかになった。

第 II 部で対象とした事例はミクロなスケールでの分析を主眼としつつも，第 I 部で展開した大都市圏全体の構造変容の視点からの分析も随所に散りばめられている。シドニーのライカート地区は，シドニーの都心から 10 km 未満

という交通条件のよい都心周辺部に相当する地区であるが，移民をたくさん迎え入れた 1950 〜 60 年代にかけてはライカート地区周辺が市街地の最も縁辺部であった。シドニーのポートジャクソン湾に面した造船地区および関連工場群が立ち並んでいたライカート地区周辺には，当時の移民のマジョリティであったイタリア系移民が押し寄せ，職場から歩いて通える職住近接の労働者住宅を建てて多くのイタリア系移民がここに居を構えたことで当時イタリア人街が形成されるに至った。モータリゼーションが進展し，都市構造が変容した今日ではシドニー大都市圏の最遠部は約 50 km 郊外にまで及んでおり，都心からわずか 10 km 程度というライカート地区は今日では市街地に完全にのみ込まれてしまっている。このような到着から年月の浅い移民たちが，安価な住宅を求めて市街地の縁辺部に住宅を構えるという事象は類似例が多く存在する。例えばメルボルンに目を移せば，近年急増しているアフガニスタンやソマリアなどからの移民が，メルボルンの大都市圏の最遠部（約 40 km）の比較的安価な住宅が手に入る地区に集住している。

　また，キャンベラの事例では，オーストラリア随一の大学であるオーストラリア国立大学（ANU）の存在と，首都ならではの環境として連邦政府関連機関が集中しており，高所得のエリート層が多いという特徴があった。こうした高所得のエリート層向けの高品質な住宅市場は，2000 年以降に急増した中国系移民により，にわかに活気づいたものである。土地の広さに余裕のあるキャンベラの場合は都心の一部を除いて高層コンドミニアム開発には発展しなかったが，ニューヨーク，東京，ロンドンなどの世界都市においては高所得のエリート層向けの高層コンドミニアム（日本ではタワーマンション）開発が，かつての産業地区を高級住宅地区に変え，新たな商業地区開発を推進し，人々の暮らしも変えてきた。最終的な住宅の形状は異なるが，高所得のエリート層向けの住宅需要が都市構造を大きく変えるという点では世界中に類似する事例がみられる。

　アデレードの事例についても，1 つのベトナム系エスニックタウンのケーススタディにとどまらない。アデレードの事例で確認されたことは，オーストラリアの大学を卒業して，英語のスキルの高い移民 1 世が含まれるということである。移民といえば「英語が苦手」「低所得」「肉体労働」といったステレオ

タイプなイメージが付きものだったが，今日では従来の移民像とは異なり，若くて英語のスキルが一定レベル以上，かつ，専門的な資格をもつ新たなタイプの移民「新規移民」がオーストラリアの大都市圏で急増している。東南アジアや中国ほか，世界中の大学で英語による教育の流れが加速している。これから先に移民として海外に渡る人たちは，かつての移民たちが苦しんだ「言語の壁」はほとんどなく，アデレードの事例でみられたようにさまざまな職種に自由に就いていくことが当たり前になるのかもしれない。大都市には必ず存在するといわれるチャイナタウンやベトナムタウンなどのエスニックコミュニティは，その存在意義が世界中で薄れていくと予想される。

　なお，GIS を用いて社会・経済属性別にみた詳細な地図を解析に用いる手法が，最終的には地理学のみならず，移民研究，社会学，経済学，教育学等，他の分野の研究者との今後の共同研究への拡張の可能性を提示するという本書のもう 1 つの目的が達成されているかどうかは現段階では未知数である。本書の刊行を契機として，地理学者と隣接諸科学を専門とする研究者らとの共同研究が将来的に進むようなことがあれば，その時点で本書の第 2 の目的が達成されたといえるのかもしれない。　　　　　　　　　　　　　　　　　　（堤　　純）

文　献

阿部亮吾（2011）:『エスニシティの地理学─移民エスニック空間を問う─』古今書院.

大上正直（2002）:国語の形成─多言語国家が抱える苦悩. 大野拓司・寺田勇文編著『現代フィリピンを知るための60章』pp. 71-74, 明石書店.

小ヶ谷千穂（2001）:国際労働移動とジェンダー─アジアにおける移住家事労働者の組織活動をめぐって─. 梶田孝道編著『国際化とアイデンティティ』pp. 121-147, ミネルヴァ書房.

小ヶ谷千穂（2003）:フィリピンの海外雇用政策─その推移と「海外労働者の女性化」を中心に. 小井土彰宏編著『移民政策の国際比較』pp. 313-356, 明石書店.

川上郁雄（2001）:『越境する家族─在日ベトナム系住民の生活世界』明石書店.

菊地俊夫・有馬貴之（2010）:オーストラリアの国立公園における環境資源の保全と利用の地域的性格. 観光科学研究, 3, pp. 41-55.

塩原良和（2005）:『ネオ・リベラリズムの時代の多文化主義─オーストラリアン・マルチカルチュラリズムの変容』三元社.

清水　展（2002）:二月革命─ピープル・パワーの深層. 大野拓司・寺田勇文編著『現代フィリピンを知るための60章』pp. 177-180, 明石書店.

関根政美（1989）:『マルチカルチュラル・オーストラリア』成文堂.

関根政美（2004）:共和国になれなかったオーストラリア. 藤川隆男編著『オーストラリアの歴史─多文化社会の歴史の可能性を探る』pp. 239-254, 有斐閣アルマ.

竹田いさみ（2000）:『物語オーストラリアの歴史』中公新書, p. 297.

筒井由起乃・松井圭介・堤　純・吉田道代・葉　倩瑋（2015）:南オーストラリア州アデレードにおけるベトナム系住民の分布とその特徴. 地理空間8-1, pp. 117-129.

堤　純（2004）:オーストラリア・メルボルン市における統計データの整備とGIS. 統計〈特集　GISによる統計の利用〉, 日本統計協会, 55（8）, pp. 9-14.

堤　純（2010a）:オーストラリアにおけるGISの利活用─オーストラリア統計局の国勢調査カスタマイズデータを中心に─. 統計（日本統計協会）, 61（4）, pp. 31-36.

堤　純（2010b）:歴史と景観が調和する多文化共生都市・メルボルン. 阿部和俊編『都市の景観地理─イギリス・北アメリカ・オーストラリア編』pp. 67-75, 古今書院.

堤　純（2014）:使用言語からみた社会経済特性の差異─大都市シドニーのジェントリフィケーション─. 統計（日本統計協会）, 65（6）, pp. 42-45.

堤　純, オコナー・ケヴィン（2008）:留学生の急増からみたメルボルンの変容. 人文地理, 60, pp. 323-340.

堤　純・松井圭介（2010）：シドニーおよびメルボルン大都市圏における社会特性.
　日本地理学会発表要旨集，78，p. 190.

馮小洋編（2014）：『澳大利亚华人年鉴 2013』（Yearbook of Chinese in Australia
　2013），澳大澳大利亚华人年鉴出版社.

藤川隆男編（2004）：『オーストラリアの歴史―多文化社会の歴史の可能性を探る』有
　斐閣アルマ.

藤塚吉浩（1994）：ジェントリフィケーション―海外諸国の研究動向と日本における
　研究の可能性―．人文地理，46，pp. 496-514.

藤塚吉浩（2017）：『ジェントリフィケーション』古今書院.

古屋博子（2009）：『アメリカのベトナム人―祖国との絆とベトナム政府の政策転換―』
　明石書店.

増田あゆみ（2010）：オーストラリア多文化主義政策の変遷―政策をめぐる環境の変
　化と政府の対応の分析―．名古屋学院大学論集（社会科学篇）47-1，pp. 83-94.

町村敬志（1995）：グローバル化と都市変動―「世界都市論」を超えて―．経済地理
　学年報 41，pp. 281-292

葉　倩瑋・筒井由紀乃・松井圭介・堤　純・吉田道代（2015）：キャンベラにおける
　華人社会の空間構造．地理空間 8，pp. 103-115.

山下清海編（2008）：『エスニック・ワールド』明石書店，p. 261.

吉田道代（2007）：オーストラリアの多文化主義と移民問題．漆原和子・藤塚吉浩・
　松山洋・大西宏治編『図説世界の地域問題』pp. 32-33，ナカニシヤ出版.

ACT Chinese Australian Association（1988）: Newsletter, 1.

Australian Bureau of Statistics（2008）: 2030.2 – Melbourne: A Social Atlas, 2006.
　ABS の社会地図（Social Atlas）のウェブサイト（2017 年 6 月 14 日最終閲覧）
　http://www.abs.gov.au/AUSSTATS/abs@.nsf/DetailsPage/2030.22006?OpenDocu
　ment

Australian Bureau of Statistics（2011）: Estimated resident population by Country of
　Birth: 1992 to 2014. http://stat.abs.gov.au/Index.aspx?DataSetCode=
　ERP_COB［Cited 2015/05/08］

Australian Heritage Commission（2002）: Tracking the Dragon. National Library
　of Australia.

Brown-May, Shurlee S.,（2005）: *The Encyclopedia of Melbourne*, Cambridge
　University Press.

Burnley, I. H.（2001）: *The impact of immigration on Australia: A demographic
　approach*. Oxford University Press.

Burnley, I. H. (2005): Generations, mobility and community: Geographies of three generations of Greek and Italian ancestry in Sydney. *Geographical Research*, 43 (4), pp. 379–392.

Burnley, I. H., Murphy, P. and Fagan, B. (1997): *Immigration and Australian cities*. The Federation Press.

Castles, S., Haas, H. and Miller, M. (2011): *The Age of Migration: International Population Movements in the Modern World*. Palgrave. カースルズ, S. ほか(2011)：関根政美・関根　薫訳『国際移民の時代（第 4 版）』名古屋大学出版会.

Choi, C. (1975): *Chinese Migration and Settlement in Australia*. Sydney University Press.

Commonwealth of Australia (2006): Settler arrivals 1995-96 to 2005-06 Australia, states and territories.
https://www.dss.gov.au/sites/default/files/documents/01_2014/settler_arrivals0506.pdf [Cited 2018/1/16]

Connell, J. (2000): *Sydney. The emergence of a World City*. Oxford University Press, Oxford.

Coughlan, J. E. and McNamara, D. J. (1997): *Asians in Australia: patterns of migration and settlement*. McMillan Education Australia.

Coughlan, J. E. (2008): The Changing Spatial Distribution and Concentration of Australia's Chinese and Vietnamese Communities: An Analysis of 1986–2006 Australian Population Census Data, *Journal of Population Research*, 25 (2), pp. 161–182.

Davie, R. (2003): Changing urban patterns in Leichhardt. Unpublished report for Geography 1002 Human Environments in conjunction with the Science Talented Students Program at The University of Sydney.

Department of Government of South Australia, Multicultural SA (2014): A profile of Vietnam-born South Australians (PDF).
http://www.multicultural.sa.gov.au/__data/assets/pdf_file/0012/22053/Vietnam-Dec-2014.pdf#search='A+profile+of+Vietnamborn+South+Australians' [Cited 2015/2/1]

DIMA (Department of Immigration and Multicultural Affairs) (2001): Immigration Federation to Century's end 1901–2000.
http://www.immi.gov.au/media/publications/statistics/federation/federation.pdf [Cited 2015/05/08]

Dumas, D. (2014, June 7): Leichhardt's Italian Forum goes from retail tiger to white elephant. Sydney Morning Herald.
http://www.smh.com.au/nsw/leichhardts-italian-forum-goes-from-retail-tiger-to-white-elephant-20140606-39oyr.html [Cited 2015/05/08]

Dutton, P. (2003): 'Leeds calling: the influence of London on the gentrification of regional cities', *Urban Studies*, 40, pp. 2557-2572.

Fothergill, N.C. (1987): *Metropolitan office development, Working Paper 3.* Melbourne: Ministry for Planning and Environment. Policy and Strategic Planning Branch.

Fujii, T. et al. (2006). A comparative study of metropolitan multi-nucleation: Suburban centres and commuter flows within the metropolitan areas of Atlanta, USA, and Melbourne, *Australia. Applied GIS 2* (2). pp. 11.1-11.17. DOI: 10.2104/ag060011.
http://www.epress.monash.edu.au/ag/ag060011.pdf

Goodman, A. (1983): Melbourne's City Centre 1972-1982, Working Paper, 15, 1983, Department of Geography, Monash University, p. 97.

Hackworth, J. (2002): 'Post recession gentrification in New York city', *Urban Affairs Review*, 37, pp. 815-843.

Hage, G. (1998): *White Nation: Fantasies of White Supremacy in a Multicultural Society.* Routledge. ガッサン・ハージ著, 保苅 実・塩原良和訳 (2003):『ホワイト・ネイション』平凡社.

Hajdu, J. (1994): 'Recent Cycles of Foreign Property Investment in Central Sydney and Melbourne', *Urban Geography*, 15, pp. 246-257.

Hamnett, C. (2003): *Unequal City: London in the Global Arena.* London: Routledge, p. 292.

Jack, I. (2001): Some Less Familiar Aspects of the Chinese in 19th-Century Australia. *The Overseas Chinese in Australasia: History, Settlement and Interactions Proceedings.* Edited by A. C. Henry Chan and Nora Chiang. Taipei, National Taiwan University and The Australian National University: pp. 44-53.

Jones Lang Lasalle (2006): The nineties, the naughties and the crash of 2011? Jones Lang Lasalle, pp. 1-13.

Johnston, R., Forrest, J. and Poulsen, M. (2001): The geography of an EthniCity: Residential segregation of birthplace and language groups in Sydney, 1996. *Housing Studies*, 16 (5), pp. 569-594.

Jupp, J. (1998): *Immigration.* 2nd ed. Oxford University Press.

文　　献　　165

Leichhardt Municipal Council (2013): Renew Leichhardt.
　http://www.leichhardt.nsw.gov.au/Community/Business/Business-Programs/
　Renew-Leichhardt [Cited 2015/05/11]
Maher, C. (1988): 'Process and response in contemporary urban development:
　Melbourne in the 1980s", *Australian Geographer*, 19, pp. 162–181.
Marchese, D. (2014, November 28): Economic devastation in Europe prompts new
　wave of Italian migration to Australia. ABC News.
　http://www.abc.net.au/news/2014-11-28/economic-disaster-prompts-spike-in-
　italian-migration-to-australi/5927386 [Cited 2015/05/08]
Marginson, S. (1993): *Education and public policy in Australia*. Melbourne,
　Cambridge University Press.
Mura, P. and Lovelock, B. (2009): A not so Little Italy?: Tourist and resident
　perceptions of authenticity in Leichhardt, Sydney. *Tourism, Culture and
　Communication*, 9 (1-2), pp. 29–48.
O'Connor, K. (2002): 'Rethinking Globalisation and Urban Development: The
　Fortunes of Second -ranked Cities'. *Australasian Journal of Regional Studies*. 8,
　pp. 35–48.
O'Connor, K. (2004a): *The inner city apartment market: Review and Prospect*. The
　property council of Australia.
O'Connor, K. (2004b): 'International Students and Global Cities'. *Research
　Bulletin* 161. Global and World City Project. Department of Geography.
　University of Loughborough.
O'Connor, K. Stimson, R. and Daly, M. (2002): *Australia's Changing Economic
　Geography*. Oxford University Press.
Poulsen, M. F. and Johnston, R. J. (2000): The ghetto model and ethnic
　concentration in Australian cities. *Urban Geography*, 21 (1), pp. 26–44.
Robinson, J. (2005): *The Melbourne office property cycle 1970-2005*. European Real
　Estate Society, University College Dublin, 2005 June, pp. 1–10.
Saroca, C. (2006): Filipino Women, Migration, and Violence in Australia: Lived
　Reality and Media Image. *Kasarinlan: Philippine Journal of Third World Studies*
　21-1, pp. 75–110.
Sassen, S. (2001): *Cities in a world economy, Second edition*, Pine Forge Press.
Satake, M. (2000): Intermarriage in a multicultural society: A preliminary research on
　Filipino-Australian marriages. *Treatises: Shikoku Gakuin University* 102, pp. 179–208.

Satake, M. (2002): Filipinos positioning themselves within Multicultural Australia: Immigration profile and government and NGO initiatives. *Treatises: Shikoku Gakuin University* 107, pp. 53–89.

Shaw, K. and Fincher, R. (2007): The place of international students in Melbourne, *The Association of American Geographers 2007 Annual Meeting Program*, p. 152.

Smith, D.P. and Holt, L. (2007): Studentification and 'apprentice' gentrifiers within Britain's provincial towns and cities: extending the meaning of gentrification. *Environment and Planning A*, 39, pp. 142–161.

Solling, M. and Reynolds, P. (1997): *Leichhardt: On the margins of the city*. A Social History of Leichhardt and the Former Municipalities of Annandale, Balmain and Glebe. Allen & Unwin.

Stafford Moor & Farrington PTY LTD. (1994): Italian Forum: Leichhardt development application, submission Document B General report. [Unpublished document]

State of Victoria (1984): Victoria, The next step. Economic Initiatives and opportunities for the 1980s', The Economic strategy for Victoria. Melbourne.

State of Victoria, Victoria (1987a): The next decade, Melbourne.

State of Victoria (1987b): 'Shaping Melbourne's future. The government's Metropolitan policy, Melbourne.

The Italian Forum. (n.d.): The Italian Forum.
http://www.theitalianforum.com/pages/home.php [Cited 2009/05/08]

Tsutsumi, J. (2005): Urban restructuring process in the CBD of Melbourne, Australia - Is this development a kind of globalization in a particular way? (Murayama, Y. and Du, G. eds., *Cities in Global Perspective: Diversity and Transition*, College of Tourism, Rikkyo University with IGU Urban Commission on Monitoring cities of tomorrow, Tokyo, Japan, 2005), pp. 308–312.

Tsutsumi, J. and O'Connor, K. (2006): Time series analysis of the skyline and employment changes in the CBD of Melbourne. *Applied GIS*, 2 (2), pp. 8.1–8.12. DOI: 10.2104/ag060008.
http://www.epress.monash.edu.au/ag/ag060008.pdf

Tsutsumi, J. and O'Connor, K. (2011): International Students as an Influence on Residential Change: A Case Study of the City of Melbourne. *Geographical Review of Japan Series B* 84 (1), pp. 16–26.
https://www.jstage.jst.go.jp/article/geogrevjapanb/84/1/84_1_16/_article

Tyner, J. (1994): The social construction of gendered migration from the Philippines. *Asian and Pacific Migration Journal* 3, pp. 589–617.

Vietnamese Community in Australia SA Chapter INC (2005): *Đất mới': Đặc san mừng năm định cư của Người Việt tại Nam Úc* (*New Land: celebrating 30 years of settlement for Vietnamese Community in South Australia*) (ベトナム語, 一部英語).

Widhyastuti, I. (n. d.): Perceived ethniehub: Suburban land development and migrants' place-making.

http://localnotes.net.au/wp-content/uploads/2011/09/CorrectOpolis.doc [Cited 2018/01/12]

Williams, M. (1999): *Chinese Settlement in New South Wales.* A thematic history. A Report for the NSW Heritage Office of NSW. NSW Heritage Office.

Yarwood, A.T. (1968): Attitude to Non-European Immigration. Cassell Australia.

.id the population experts (2015a): Welcome to the Australia Community Profile.

http://profile.id.com.au/australia [Cited 2015/05/08]

.id the population experts (2015b): Leichhardt Council area Household income

http://profile.id.com.au/leichhardt/household-income [Cited 2015/05/08]

.id the population experts (2015c): Leichhardt Council area Employment status

http://profile.id.com.au/leichhardt/employment-status [Cited 2015/05/08]

.id the population experts (2015d): http://home.id.com.au [Cited 2015/05/08]

あ と が き

　本書は，「ネオ・リベラリズムの進展とアジア化するオーストラリア社会に関する人文地理学的研究」2012 ～ 15 年度日本学術振興会科学研究費補助金基盤研究（B）（海外学術）（代表者：堤　純，課題番号：24401036）（以下，ネオ・リベラリズム科研）による研究成果を骨子とし，以下に示す他のいくつかの別テーマの科学研究費プロジェクトの成果を統合したものである。執筆者のうち，堤，吉田，葉，筒井，松井の 5 名はネオ・リベラリズム科研のメンバーである。4 年間の研究期間中に，メンバーのほとんどが集まる 1 週間程度の合宿調査をメルボルン（2012 年），パース（2013 年），アデレード（2014 年），シドニー・キャンベラ（2015 年）において実施した。

　合宿調査ではキッチン付きのコンドミニアムを借り，そこをベースキャンプとして現地調査を進めた。毎日の食事当番を決めておき，その日の食事当番がメンバー全員の夕食を準備する。残りのメンバーは宿に戻ってくれば食事ができており，その食事を皆でとりながらその日の調査結果を報告し合い，知識を無理なくシェアする。論文として成果を公表できた内容は，そんな日々の報告の中のほんの一握りにすぎないが，毎日数時間もかけて共有した現地調査の収穫は，メンバー全員にとってかけがえのない財産になっている。

　こうした，キッチン付き，家具付きの宿泊施設というのは，オーストラリアでは一般的によく見かけるものである。大都市部はもちろん，保養地しかり，そして道路沿いのちょっとした中継地点となる小さな観光地でも，"Full kitchen" と書いてあれば，通常では 4 ～ 5 人分の食器一式とガスコンロ（または電気式コンロ），オーブンや鍋・釜・包丁のレベルまで調理道具がすべて揃った宿泊施設であり，施設の数も多い。夕食を準備しながら，メンバーの間でその日の調査結果や疑問点や "What's new" を気軽に話し，日頃と変わらずソファでくつろいだり，フィールドノートを整理したり，リラックスした雰囲気で食事を囲んだり……。その日のフィールド調査でのできごとを，まるで家族のように皆で話し合う。オーストラリア人が大好きなバーベキューを囲むのと同じように，気心知れたメンバーとともに過ごした合宿調査から，本書は生まれた

といっても過言ではないだろう。

　こうしたオージースタイルの情報シェアリングが功を奏した場面があった。それは，本書の成果の一部を日本地理学会の口頭発表において，グループでいくつかの発表を連続して行った時のことである。口頭発表を予定していたメンバーの1人が急用のため発表当日の都合がつかなくなった際に，研究代表者の私が急遽ピンチヒッターとして口頭発表を担当した。現地調査そのものは1人のメンバーが中心的に行ったものであったが，発表を担当した私にとっても，合宿調査時に食事をしながら聞いていたさまざまな情報の蓄積があるため，発表と質疑応答をそつなくこなすことができた。

　ところで，本書の執筆者の中には，ネオ・リベラリズム科研の分担者ではないメンバーも含まれる。執筆者のうち大呂さんと阿部さんの2名は，全国学会などを通じてオーストラリア研究に対するさまざまなアイデアをネオ・リベラリズム科研のメンバーとも相談してきたつながりから，本書に寄稿することになった。阿部さんによるシドニー郊外のエスニックコミュニティの論考，大呂さんによる wagyu のコラムは，本書の「旨み」を増す，かかせないスパイスでもある。また近いうちに，大呂さんと阿部さんも加わった研究プロジェクトを企画して，オージースタイルの合宿調査を行いたいと切に希望している。

　本書の各章は，III 章と IX 章を除き，既発表論文を修正・加筆のうえで集成したものである。各章と既発表論文との関係は次の通りである。

　I 章：堤　純・吉田道代・葉　倩瑋・筒井由起乃・松井圭介（2015）：センサスデータからみたオーストラリアにおける多文化社会の形成．地理空間 8，pp. 81-89.

　II 章：堤　純（2013）：シドニーとメルボルンにおける都市社会の多様性—地理情報システム（GIS）を用いた分析の可能性—．オーストラリア研究，26，pp. 37-48.

　堤　純（2014）：使用言語からみた社会経済特性の差異—大都市シドニーのジェントリフィケーション—．統計（日本統計協会），65（6），pp. 42-45.

　III 章：書き下ろし．

　IV 章：堤　純（2012）：メルボルン大都市圏における通勤特性—オーストラ

あとがき　171

リア国勢調査「テーブルビルダー」データを利用して─. 統計（日本統計協会），63（2），pp. 19-25.

　V章：堤　純, オコナー・ケヴィン（2008）：留学生の急増からみたメルボルン市の変容. 人文地理, 60, pp. 323-340.

　Tsutsumi, J. and O'Connor, K.（2011）：International Students as an Influence on Residential Change: A Case Study of the City of Melbourne. *Geographical Review of Japan Series B* 84（1）, pp. 16-26.

　VI章：吉田道代・葉　倩瑋・筒井由起乃・松井圭介・堤　純（2015）：シドニー・ライカートにおけるイタリア系コミュニティの拠点再構築の試み. 地理空間 8, pp. 91-102.

　VII章：葉　倩瑋・筒井由起乃・松井圭介・堤　純・吉田道代（2015）：キャンベラにおける華人社会の空間構造. 地理空間 8, pp. 103-115.

　VIII章：筒井由起乃・松井圭介・堤　純・吉田道代・葉　倩瑋（2015）：南オーストラリア州アデレードにおけるベトナム系住民の分布とその特徴. 地理空間 8, pp. 117-129.

　IX章：書き下ろし.

　また，前述のネオ・リベラリズム科研以外にも，これまでにたくさんの研究助成をいただいたことにも謝意を述べたい. 本書のIII章の執筆には「オーストラリア型多文化主義の変容と移民エスニック空間の形成に関する研究」2014〜17年度日本学術振興会科学研究費補助金若手研究（A）（代表者：阿部亮吾, 課題番号：26704010）の一部を，また本書のV章の執筆には「オーストラリアにおけるアジア系留学生の急増と都市グローバル化へのインパクト」2006〜08年度日本学術振興会科学研究費補助金若手研究（B）（代表者：堤　純, 課題番号：18720229）の一部，および「コンド・ブームの進展とジェントリフィケーションの多様化に関する研究」2009〜11年度日本学術振興会科学研究費補助金若手研究（B）（代表者：堤　純, 課題番号：21720301）の一部を使用した.

　さらに，本書を執筆するに当たり，現地調査では実に多くの方々から多大な協力をいただきました. メルボルン大学のKevin O'Connor名誉教授, 同大のRay Wyatt准教授をはじめ，多くのオーストラリア現地の研究者からは建設

的で示唆に富むご教示を得ました。加えて，現地の州政府や市役所の方々からは貴重なデータを存分に提供していただいたほか，VI 章のライカートでの現地調査では，ライカート市役所およびライカート市立図書館の職員の方々，Co.As.It. 職員の方々に聞き取りにご協力いただき，自治体国際化協会（CLAIR）シドニー事務所の職員の方々にも仲介の労をとっていただきました。VII 章のキャンベラでの現地調査では，ACT Chinese Australian Association 会長の Chin Wong 氏ならびに Department of Social Services の Joanne Constantinides 氏に大変お世話になりました。VIII 章のアデレードでの現地調査では，南オーストラリアベトナム人会長の Loc 夫妻をはじめ，調査に快くご協力くださった方々に心より感謝いたします。末筆ながら以上記して感謝申し上げます。

2018 年 3 月吉日　執筆者を代表して　堤　純

索　引

欧　文

DINKS ································ 157

Empty Nesters ············· 83, 86, 91

FDI（海外直接投資）······ 29, 32, 167

LGBT ································ 113

LRT（ライトレール・トランジット）

······································· 61

Owner Occupier ················ 156

Possible Occupants ········· 89, 91

Studentification ················· 92

あ 行

アイデンティティ ············ 68, 99 168

アウトバック ············ 12, 54, 134

アナング族 ·························· 54

アボリジニ ···················· 54, 135

アングロ・ケルト系 ·············· 98

イタリア・ギリシア・南欧・旧ユー

ゴスラビア・東欧 ······· 3, 60, 98

イタリアン・ハブ ·············· 109

移民の時代 ························ 34

移民労働者 ················ 33, 98, 155

インドシナ ········· 19, 23, 69 137, 158

インナーシティ ············· 43, 50, 99

ヴェール ··························· 49

ウォーターフロント開発 ··········· 84

ウルル（エアーズロック）········· 54

ウルル―カタ・ジュタ国立公園

······································· 55

英語の通じない白人 ··············· 3

エスニック・ビジネス

··················· 47, 48, 49, 98, 99

エスニックマイノリティ ······· 4, 98

エスニックグループ ········· 8, 19, 22,

25, 28, 31, 33, 65, 156

エスニックコミュニティ ········· 4, 7,

24, 65, 68, 152, 160

か 行

海外出身者 ······················ 24, 25

華僑・華人 ······················· 119

学生用アパート ················ 74, 85

学歴 ········· 10, 26, 28, 33, 64, 153, 156

カジノ ····························· 84

カスタマイズテーブル → テーブル

ビルダーの項参照

家族呼び寄せプログラム（Family Reunion） ………… 37, 100, 125, 141

家庭で使用する言語 ……… 10, 18, 23, 33, 39, 41, 44, 59

キーティング政権 ………………… 38

規制緩和 ……………… 4, 29, 33, 81, 155

ギリシア→イタリア・ギリシア・南欧・旧ユーゴスラビア・東欧の項参照

金融センター ………………… 17, 57

空室率 …………………………… 82, 156

グレートディヴァイディング山脈 ………………………………… 59, 70

グローバリゼーション ……… 2, 4, 17, 28, 32, 72, 155

クロヌラビーチ …………………… 4

結婚移民 ……………………………… 37

建築年代 ……………………………… 80

高級食材 ………………………… 12, 14

高所得者 ………… 9, 22, 25, 29, 64, 67, 131

高層建築物 …………………… 80, 81

高層住宅 ……………… 82, 85, 89, 91

ゴールドラッシュ ……… 60, 116, 119, 135

国際金融機能 …………………… 29

小麦栽培 ……………………………… 57

コンドミニアム ……… 7, 10, 28, 72, 156, 159

さ 行

サウスバンク ………………… 74, 77, 85

サバービア ………………………… 71

サリー ……………………………… 49

ジェントリフィケーション ………………………… 28, 85, 91, 157

シドニーオリンピック ………………………… 29, 32, 155

シナゴーク ……………………… 65

社会経済弱者 …………………… 28

社会地図（Social Atlas） ……… 9, 26

社会的上昇 ……………………… 141

若年高所得者 …… 86, 87, 89, 91, 157

自由移民 ……………………… 116

集住 …… 4, 45, 51, 65, 98, 102, 140, 157

住宅価格 …… 22, 50, 83, 91, 130, 156

出身国 …… 19, 60, 75, 89, 98, 102, 156

職住近接 …………… 64, 85, 86, 159

所得水準 ………………………… 28

住み分け …… 5, 8, 11, 25, 31, 65, 155

政権交代 ……………………………… 3

世界都市 ………… 16, 17, 29, 57, 159

世界複合遺産 …………………… 55

セグリゲーション ………………… 44

た 行

ダーリングハーバー ……… 29, 32, 113

大学進学率 28
大学都市 73
多国籍企業 17, 57
建売住宅 50
多文化共生都市 28, 69
多文化主義 4, 37, 38, 114, 118,
　123, 171
チェーン・マイグレーション
　................ 68, 117, 120, 132
知識産業 80
チャイナタウン 113, 119, 133,
　160
中越戦争 37
中産階級 71
紐帯 126, 144, 153
地理情報システム（GIS）........ 5
通勤流動 10, 62, 64
低所得者 28, 29, 33, 156
テーブルビルダー（国勢調査カスタ
　マイズデータ）.......... 8, 9, 18,
　59, 156
出稼ぎ労働 35
天安門事件 37, 118, 122
田園都市計画 127
投機ブーム 83, 91
都心居住 85, 89
都心空洞化 73
ドックランズ 75, 77, 78, 85
トラム（路面電車）........ 61
ドロップ・ポイント 43

な 行

ネオ・リベラリズム 4, 38
ノース・シドニー 29

は 行

バーベキュー 12, 96
配偶者ビザ 35
バイリンガル 19, 91
白豪主義 2, 3, 20, 37, 98, 118,
　136, 155
東ヨーロッパ（東欧）→ イタリア・
　ギリシア・南欧・旧ユーゴスラビ
　ア・東欧の項参照
バックオフィス 29
ハラールショップ 20
ハラールフード 48
ハワード政権 38, 155
ヒンドゥ教 24, 25, 26
ファサード 57
フィードロット 15
仏教 23
フリーマーケット 70
分極化仮説 92
ベトナム戦争 37
ポイントシステム 3, 155
縫製工場 23
牧羊 57
ホスト社会 35, 37, 137

ま 行

マルディグラ 113

南ヨーロッパ（南欧）→ イタリア・ギリシア・南欧・旧ユーゴスラビア・東欧の項参照

ムスリム 48

モータリゼーション 11, 17, 61, 64, 155, 159

や 行

裕福な中高年層 → Empty Nesters の項参照

（旧）ユーゴスラビア → イタリア・ギリシア・南欧・旧ユーゴスラビア・東欧の項参照

ヨーロッパの模倣 70

ら 行

来豪年・来豪時期 32, 143, 147

ライフヒストリー 147, 152

留学生 6, 72, 73, 89, 91, 118, 122, 130, 141, 156

ルームシェア 7, 89, 91

歴史的シンボル 110

労働力不足 22, 64

わ 行

ワイナリー 16, 94

著者紹介 〔 〕内は分担箇所。◎は編者。

◎堤　純（Jun TSUTSUMI）〔Ⅰ章，Ⅱ章，Ⅳ章，Ⅴ章，Ⅸ章，コラム③，コラム④〕
　　奥付に掲載。

吉田　道代（Michiyo YOSHIDA）〔Ⅵ章，コラム⑤〕
　　和歌山大学観光学部教授　Ph.D.
　　岐阜県生まれ。南オーストラリア州立フリンダース大学より Ph.D. 取得。
　　専門は社会地理学。オーストラリアの移民・難民政策や都市観光を研究中。

葉　倩瑋（Chienwei YEH）〔Ⅶ章，コラム⑥〕
　　茨城大学人文社会科学部教授　Ph.D.
　　大阪府生まれ，大阪育ち。オーストラリア国立大学大学院博士課程修了。
　　専門は都市社会地理学。オーストラリアおよび台湾の都市について研究中。

筒井　由起乃（Yukino TSUTSUI）〔Ⅷ章〕
　　追手門学院大学国際教養学部教授　博士（文学）
　　岩手県生まれ，広島県育ち。奈良女子大学大学院博士後期課程単位取得退
　　学。専門はベトナム研究，人文地理学。ベトナム社会とその地域差を研究
　　中。

阿部　亮吾（Ryogo ABE）〔Ⅲ章〕
　　愛知教育大学教育学部准教授　博士（地理学）
　　愛知県生まれ。名古屋大学大学院博士課程修了。専門は都市社会地理学。
　　研究テーマは多文化主義・多文化共生と都市の移民コミュニティ。

大呂　興平（Kohei ORO）〔コラム①〕
　　大分大学経済学部教授　博士（学術）
　　鳥取県生まれ。東京大学総合文化研究科修士課程修了。専門は経済地理学，
　　農業経済学。国内外の牛肉生産・消費と地域の変動が主な研究テーマ。

松井　圭介（Keisuke MATSUI）〔コラム②〕
　　筑波大学生命環境系教授　博士（理学）
　　神奈川県生まれ。筑波大学大学院博士課程単位取得退学。専門は文化・観
　　光の地理学。近年は場所のポリティクスを研究中。

著者略歴

堤　純（つつみ　じゅん）

筑波大学生命環境系准教授。
1969 年北海道室蘭市生まれ，群馬県前橋市育ち。筑波大学大学院博士
課程地球科学研究科中退（1996 年）。博士（理学）。北海道大学助手，
愛媛大学講師・准教授を経て現職。
メルボルン大学 Visiting Scholar（2005 年 3 ～ 6 月），モナシュ大学
Visiting Fellow（2008 年 8 ～ 9 月），モナシュ大学 Visiting Scholar（2009
年 3 ～ 9 月）。

ホームページ　http://www.geoenv.tsukuba.ac.jp/~jtsu/
Email　jtsu@geoenv.tsukuba.ac.jp
主要著書『土地利用変化のメカニズム─土地所有と GIS からの分析─』
古今書院，188p．2009 年（単著）．
『Urban Geography of Post-Growth Society』Tohoku University Press
（東北大学出版会），2015 年（共編著）．

変貌する現代オーストラリアの都市社会

2018 年 3 月 30 日初版発行

編著者　堤　純

発行所　筑波大学出版会
　　　　〒 305-8577
　　　　茨城県つくば市天王台 1-1-1
　　　　電話（029）853-2050
　　　　http://www.press.tsukuba.ac.jp/

発売所　丸善出版株式会社
　　　　〒 101-0051
　　　　東京都千代田区神田神保町 2-17
　　　　電話（03）3512-3256
　　　　http://pub.maruzen.co.jp/

編集・制作協力　丸善プラネット株式会社

©Jun TSUTSUMI, 2018　　　　　　　　　　Printed in Japan
組版／月明組版
印刷・製本／富士美術印刷株式会社
ISBN978-4-904074-46-6 C3025